La vida de Yara

La lucha de un alma herida

Amaya Ortega

Reservados todos los derechos. No se permite la reproducción total o parcial de esta obra, ni su incorporación a un sistema informático, ni su transmisión en cualquier forma o por cualquier medio (electrónico, mecánico, fotocopia, grabación u otros) sin autorización previa y por escrito de los titulares del *copyright*. La infracción de dichos derechos puede constituir un delito contra la propiedad intelectual (art. 270 y siguientes del Código Penal).

©Amaya Ortega, 2024

INSTAGRAM: @lavidadeyara.book

Primera edición Febrero 2024

ISBN **9798882917356**

En primer lugar, quiero expresar mi más sincero agradecimiento a Abraham, cuya paciencia interminable y apoyo incondicional fueron fundamentales para hacer realidad este libro. Tu dedicación y tu compromiso fueron una verdadera inspiración, y estoy eternamente agradecida por tu guía y tu amistad.

También quiero extender mi gratitud a Damián y Elena y a todas las personas que contribuyeron de alguna manera a este proyecto. Ya sea con sus consejos, sus comentarios o su apoyo emocional.

Con todo mi cariño:

Una manieguina...

... Porque patatas.

Dedicado a todas las personas que puedan llegar a sentirse solas en algún momento de sus vidas. Todos enfrentamos momentos de soledad y desesperación alguna vez, pero es importante recordar que nunca estamos solos por completo pese a cómo nos podamos llegar a sentir. A cada paso que damos, siempre habrá personas dispuestas a ofrecer su apoyo y comprensión. No-estás-solo.

Dedicado a la importancia de la salud mental con la esperanza de que cada vez más personas pierdan el miedo a pedir ayuda y prioricen su salud interna como el comienzo a un exterior saludable. La salud mental no es una enfermedad, es equilibrio, es la totalidad de la vida.

La salud mental es un aspecto fundamental de nuestro bienestar general. No debemos temer buscar ayuda cuando la necesitemos, ya que cuidar de nuestra salud interna es el primer paso hacia una vida plena y saludable. La salud mental no es una debilidad, sino un símbolo de fortaleza y valentía.

A veces, todos sentimos que nos falta un tornillo en la cabeza, y claro que seguramente nos falte, pero eso no significa que estemos rotos. Cada desafío que enfrentamos nos ayuda a crecer y a fortalecernos, y nunca debemos rendirnos ante las dificultades. Grita, llora si es necesario, pero nunca pierdas la esperanza ni la determinación de seguir adelante.

Dedicado al amor propio como el fundamento de una vida plena y feliz. Dedica tiempo y energía a cuidar de ti mismo, cultivando una relación positiva y amorosa contigo. Reconoce tu valía y tu fuerza, y nunca subestimes el poder del amor propio para transformar tu vida.

Cada uno de nosotros tiene una historia única y valiosa que contar. No importa cuán oscuros sean nuestros días o cuántas lágrimas hayamos derramado, o si nos ahogamos o no en un vaso de agua, nuestra historia sigue siendo digna de ser compartida y valorada. En nuestra diversidad y singularidad, encontramos la verdadera belleza de la vida.

En nuestro viaje hacia la plenitud, el crecimiento personal y la superación son piedras angulares fundamentales. Cada desafío al que enfrentarse nos brinda una oportunidad invaluable para crecer, aprender y evolucionar como individuos. No importa cuán difíciles sean los obstáculos que se crucen en nuestro camino, ya que siempre podemos encontrar la fuerza interior para superarlos y salir más fuertes del otro lado.

El proceso de crecimiento personal es como un viaje de autodescubrimiento, en el que exploramos nuestras fortalezas, debilidades, sueños y aspiraciones más profundas. Al enfrentarnos a nuestras limitaciones y superar nuestros miedos, nos abrimos a un mundo de posibilidades ilimitadas y nos convertimos en la mejor versión de nosotros mismos.

La superación personal requiere coraje, pero también nos brinda una sensación de logro incomparable. Cada vez que nos levantamos después de caer, fortalecemos nuestra resiliencia y nuestra capacidad para afrontar los desafíos futuros con confianza y determinación renovadas.

A medida que avanzamos en nuestro viaje de crecimiento personal, aprendemos a apreciar la belleza de la imperfección y a abrazar nuestros errores como oportunidades de aprendizaje. Cada tropiezo nos acerca un paso más hacia la realización de nuestro potencial más pleno y nos enseña lecciones valiosas sobre la perseverancia, la paciencia y la autocompasión.

En última instancia, el verdadero poder del crecimiento personal y la superación personal radica en nuestra capacidad para transformar nuestras vidas y crear un futuro de esperanza, significado y propósito.

A través del compromiso constante con nuestro desarrollo, podemos alcanzar nuevas alturas de éxito y realización.

La historia que vais a leer es un recordatorio de nuestra humanidad compartida y de nuestra capacidad para cometer errores. Nos recuerda que, a pesar de nuestras diferencias, todos estamos sujetos a las mismas emociones y vulnerabilidades. En momentos de juicio y crítica, es importante recordar que todos somos susceptibles a equivocarnos y que la compasión y el perdón son esenciales para el crecimiento personal y la curación.

Esta historia nos enseña que cometer errores o sufrir es parte intrínseca de la experiencia humana y que, lejos de ser una señal de debilidad, es una oportunidad para aprender, crecer, mejorar y sobre todo, madurar. Al reconocer nuestra humanidad compartida y aceptar nuestras imperfecciones, podemos cultivar una mayor empatía y comprensión hacia nosotros mismos y hacia los demás.

A través de los altibajos, nos enfrentamos a los desafíos universales de la vida: la lucha por la redención, el deseo de ser comprendidos y aceptados, y la búsqueda de significado y propósito. En cada giro y vuelta, somos recordados de nuestra capacidad para enfrentar la adversidad, a no estancarnos en un pozo sin salida y de encontrar la luz en los lugares más oscuros, sin tirar nunca la toalla por cruda y sangrienta que sea la batalla.

Al final, esta historia nos deja con un mensaje de esperanza y reconciliación. Nos recuerda que, a pesar de nuestros errores y fracasos, siempre hay oportunidades para crecer, sanar y encontrar la redención. Nos recuerda que todos merecemos una segunda oportunidad y que el perdón, tanto hacia nosotros mismos como hacia los demás, es la clave para seguir adelante y encontrar la paz interior. Esta historia nos enseña además, que existen maneras de hacerse fuerte en la mayor fragilidad.

La historia que vais a leer está entrelazada con historias reales, recordándonos que, aunque los relatos puedan parecer absurdos o desgarradores, todos cargamos con algún trauma como una maleta que pesa sobre nuestros hombros. No importa en qué etapa de la vida nos encontremos: ya sea en la inocencia de la infancia, la confusión de la adolescencia, la búsqueda de identidad en la juventud, la sabiduría de la madurez o en la plenitud de la vejez, todos enfrentamos momentos difíciles alguna vez.

Este relato nos invita a reflexionar sobre la complejidad de la experiencia humana y nos muestra que, somos testigos del coraje y la resiliencia del espíritu humano.

Que estas historias nos sirvan de recordatorio de la fortaleza que reside en cada uno de nosotros. Que nos inspiren a abrazar nuestras experiencias, sobre todo las difíciles, y a encontrar el significado y la redención en algún momento del camino. Que nos animen a cultivar la empatía y la comprensión hacia los demás, recordando que todos estamos luchando nuestras propias batallas invisibles. Y sobre todo, nos recuerden que, a pesar de los obstáculos que enfrentamos, siempre hay esperanza y la promesa de un mañana mejor.

Esta historia también va dedicada a todas aquellas personas que, en medio de los conflictos familiares y las tensiones, a veces olvidan valorar el precioso regalo que tienen ante sí: su familia. Nos recuerda que, incluso en los momentos más difíciles, hay un vínculo invaluable que nos une a aquellos que amamos.

A pesar de que esta historia está basada en una familia compleja y desestructurada y de que nuestra protagonista no esté rodeada de personas o seres de lo más saludables, a través de estas páginas, exploramos las complejidades y los matices de las relaciones familiares, recordándonos que, aunque puedan surgir desafíos y desacuerdos, el amor y el apoyo mutuo son los pilares que sostienen nuestros lazos más profundos.

Nos invita a reflexionar sobre el significado del perdón, la compasión y la gratitud dentro de la dinámica familiar, y nos inspira a cultivar una mayor conexión y aprecio por aquellos que nos rodean.

Que esta historia sirva de recordatorio para valorar y honrar a la familia, incluso en medio de las imperfecciones y los desafíos de la vida. Que nos inspire a cultivar relaciones más profundas y significativas con aquellos que nos rodean.

Y que, sobre todo, nos recuerde la importancia de expresar nuestro amor y aprecio por nuestros seres queridos, reconociendo que son ellos quienes nos brindan consuelo, alegría y sentido en los momentos más oscuros.

Esta historia nos enseña que la familia va más allá de los lazos de sangre; se trata de aquellos que elegimos, aquellos que nos hacen sentir en casa. Esta historia está dedicada a todos aquellos que han encontrado su familia no en los vínculos biológicos, sino en las conexiones del corazón.

Explora la profunda verdad de que la familia es más que una cuestión de ADN; es la red de personas que nos eligen, nos aceptan y nos aman. Nos recuerda que el verdadero sentido de pertenencia proviene de aquellos que nos brindan apoyo, consuelo y compañía en los momentos de alegría y adversidad.

A través de estas páginas, celebramos la diversidad de las relaciones familiares que trascienden los lazos de parentesco, mostrando que el verdadero hogar es donde se encuentra el corazón. Nos inspira a valorar y honrar a aquellos que han sido una parte integral de nuestro viaje, reconociendo el impacto que tienen en nuestras vidas.

Que esta historia nos anime a apreciar aún más a nuestra familia elegida, sea cual sea, a cultivar relaciones basadas en el respeto y la gratitud. Nos recuerda que, en un mundo donde la conexión humana es tan importante, la familia es el refugio donde encontramos amor incondicional y un sentido de pertenencia verdadero.

Por último, os dejo como reflexión final mi mantra favorito:

लोकाः समस्ताः सुखिनो भवन्तु

"Que todos los seres, en todas partes, sean felices y libres, y puedan los pensamientos, palabras y acciones de mi propia vida, contribuir de alguna manera a la felicidad y la libertad de todos".

*Porque el ser humano encierra una dualidad
que supera tanto los temores más profundos como las aspiraciones
más elevadas.*

ADVERTENCIA:

"Si estáis interesados en historias con un final feliz, será mejor que leáis otro libro. En éste, no sólo no hay un final feliz, sino que tampoco hay un inicio feliz y muy pocos sucesos felices en el medio".

PRÓLOGO

Los árboles comenzaban a desdibujarse a medida que la luz desaparecía. Los ruidos se hacían más nítidos y cercanos, provenientes de un histérico brote de turbas de campesinos enfurecidos, con antorchas y tridentes, que se acercaban a la ahora perseguida Akila Puyé, mientras atravesaban el frondoso bosque de Puckley Baciu para darle caza en la oscura noche mientras dormía.

Por suerte, Akila fue avisada por una hermana de la congregación, Elisabeth Sawyer, que acudió a toda prisa hasta su casa para prevenirla, con la esperanza de hacer entrar en razón a la testaruda Akila, que de no huir, sería acusada de brujería.

Ella sabía perfectamente lo que aquello significaba, pues se veían diariamente mujeres sentenciadas a morir en la hoguera o ahorcadas. Hermanas suyas y no tan hermanas, todas culpables de un delito nacido del miedo y la ignorancia, donde, por ley, se exterminaban cantidades ingentes de mujeres sabias de manera sistemática. Mujeres inocentes, que previamente afirmaban cualquier acusación tras haber sido cruelmente torturadas, siendo muchas de éstas, culpables de ser algo que sus mentes no pueden siquiera comenzar a comprender.

Akila no temía aquella histeria colectiva, que envenenaba a sus vecinos enloquecidos con una enorme sed de sangre. No obstante, no dudó en proteger a su hijo, Aleyster, alejándose de su hogar rápidamente, dejando atrás sus pertenencias y todo cuanto conocía, para huir con él en la fría y oscura noche.

Mientras corrían, la lluvia comenzó a caer con fuerza, alcanzándolos desprevenidos. Empapados y aletargados por el frío, dejaron de ver las antorchas encendidas a lo lejos, perdiendo de vista a sus perseguidores, aunque continuaban escuchando los gritos enfurecidos y los ladridos de los perros de caza.

Al llegar al corazón del profundo y sombrío bosque, Akila se paró para abrazar por última vez a su pequeño hijo. Con su alma estremecida y rota, por lo que debía hacer a continuación, le explicó al pequeño Aleyster que debía quedarse dentro de la cueva que tenían frente a ellos, quieto, haciéndole entender entre sollozos y lágrimas, que debía ser valiente y fuerte, dejándole claro que bajo ninguna circunstancia debía salir de aquel sitio. Akila sacó un pequeño saco de sal gorda para hacer un círculo de protección a la cueva donde se encontraba el pequeño Aleyster y se alejó, abandonándolo a su suerte.

La lluvia que caía del turbulento cielo cesó y una densa niebla atravesó el umbrífero bosque que hacían el paso aún más tenebroso y amenazador. Akila apenas podía ver nada y de usar la poca magia que le quedaba darían rápidamente con su paradero. Ya no podía continuar corriendo, pero sabía que la turba tampoco y ella llevaba atravesando ese bosque desde que tenía uso de razón, hecho que le podía llevar a retomar algo de ventaja, pues había perdido bastante tiempo en despedirse de su adorado hijo, haciendo que los campesinos le tomaran delantera y le pisaran los talones.

Tras un rato y por algún motivo, los perros y los campesinos dejaron de seguir su reciente rastro y fueron dirección a la cueva donde permanecía escondido el pequeño Aleyster. Akila no podía permitir que le encontraran, pues le había dado la vida bajo su propio techo, siendo madre soltera, y lo había mantenido oculto durante estos años, protegiéndolo del mundo y de la epidemia de odio que asolaban los pueblos cercanos en los que ella trabajaba.

A pocos metros de la entrada, Akila le echó el coraje y el valor necesarios para entregarse ante aquellos salvajes sedientos de sangre. Salió de detrás de un árbol, un enorme y viejo roble, con las manos en alto, suplicando por su vida mientras se ponía frente a ellos, de rodillas.

Por un instante nadie hizo nada, pero apenas unos segundos más tarde, después de que alguien la señalase a voz de «¡Ahí está la bruja!», se abalanzaron sobre ella con toda la ira de la que disponían y toda la fuerza que les quedaba. La primera patada fue en su vientre, seguido de otra en su mandíbula, mientras el resto de campesinos se acercaban a ella de manera feroz. Un diente junto a un chorro de sangre salieron disparados encharcando el suelo embarrado donde se encontraba tirada. Mientras todos la atacaban, ella tan solo pensaba en su hijo, al cual pudo mirar a los ojos por última vez, que permanecía escondido en la cueva, mientras miraba aterrado todo cuanto sucedía.

Sin miramientos, le asentaban golpes incesantes. Entre gritos de dolor y gritos de ira, Akila había quedado irreconocible, ensangrentada y cubierta de barro, llena de heridas abiertas y enormes agujeros producto de los tridentes que la habían golpeado. Aquellos que la golpeaban se detuvieron en seco cuando el teniente y el pastor aparecieron para darle fin a la adoradora del diablo. Alguien la agarró de su pelo y la arrastró varios metros hasta ellos. Todos se apartaron y permanecieron inmóviles, observando.

Akila apenas podía moverse ni respirar. Sentía una gran impotencia, siendo consciente de que su hijo escondido estaba observando lo que sucedía, sin conocimiento ni comprensión hacia ello, traumándolo de por vida. Ella intentaba reprimir su dolor, aunque en vano, pues intentaba mantenerse con vida.

Con sus hinchados ojos pudo entrever que el pastor llevaba consigo un libro, el "Malleus maleficarum" y una cruz de plata, tallada con runas que reconocía perfectamente, pues eran aquellas que se usaban cuando querían detectar magia. En ese momento supo que no la llevarían a un injusto juicio en el pueblo donde sería condenada, sino que ya había sido sentenciada e iba a morir ahí mismo.

Ella era consciente del significado de aquel libro, pues se había corrido la voz entre diferentes congregaciones de que era el manual indispensable y la autoridad final para los inquisidores, jueces, magistrados y sacerdotes. En la lucha contra la brujería era la fuente más fiable para abarcar los conocimientos sobre las prácticas de las brujas que creían estar relacionadas con el demonio, haciendo de guía definitiva sobre la cruzada contra éstas, mediante la tortura psicológica y física o la hoguera.

Ese libro era el compendio del horror, era el credo y el mandato, el alma misma de la cruzada contra el mal que se extendía por el reino de Tartaria y más allá, en el resto del continente. Era la justificación y el manual instructivo que había detrás de cada uno de los actos sanguinarios que se llevaban a cabo en nombre de la única religión verdadera: El geonismo, venerando así a su Dios, Geón, y su palabra.

Aquel libro era más que una obra escrita por manos mortales; era la voz de su Dios resonando en cada palabra impresa. En sus páginas, encontraban la justificación para cada acto de violencia, para cada grito de dolor y para cada chispa que encendía la hoguera de sus condenados. El libro era su guía en la oscuridad, la luz que les mostraba el camino hacia la purificación de la tierra mancillada por la brujería o, como decían al otro lado del velo, de los meigas.

Akila se encontraba entre la vida y la muerte, tirada en el suelo, boca abajo, tratando de luchar. Por un momento pudo articular palabra, para maldecirlos a todos y a todos los descendientes que se adentraran en el bosque.

El pastor, con una sonrisa que denotaba auspicia, comenzó a orar sobre los deseos de Geón y continuó incesantemente mientras la volvían a coger, esta vez para atarla de pie en aquel roble del que había salido. Aún quedaban en el camino rastros de sangre y tela de la brutal agresión que había sufrido.

La turba de campesinos trató de recolectar leña para quemarla en una hoguera, pero la reciente lluvia había empapado toda la madera seca del lugar. Ya atada, la pincharon con los tridentes una y otra vez, cebándose con su vientre hasta que le salieron las tripas.

Finalmente, la desataron del grueso tronco para hacer una soga con las cuerdas y dejarla colgada del árbol. La ataron de pies y manos, la subieron en lo alto para que la soga quedase ceñida al cuello y finalmente la soltaron para oír el "clac" de su cuello roto, dejando colgado su cadáver sanguinolento, goteando agua mezclada con la sangre que no paraba de brotar de todos los orificios que le habían hecho, completamente desfigurada.

El pastor sacó un frasco de agua bendita y lo roció sobre el suelo donde se hallaba colgada Akila, para que sus maleficios fueran suprimidos y liberados del mal por la gracia divina.

Faltaba poco para la salida del sol y los árboles comenzaron a dibujarse de nuevo a medida que la luz aparecía. Todos se fueron satisfechos con su cometido, regresando al pueblo para un nuevo día.

El cadáver de Akila permaneció colgado del árbol, dejando ver una escena terrorífica, del corazón del bosque tintado del rojo de su sangre, con la presencia de un niño del que nadie se había percatado, en estado de shock por las imágenes que había visto.

Aleyster, desamparado en la inmensidad del bosque, se sintió muy triste y comenzó a llorar con fuerza. El teniente Krammer, que había sido el último en irse, oyó sus llantos a lo lejos, hecho que le llamó la atención y le obligó a retornar su camino para regresar de nuevo. Cuando regresó, Aleyster había desobedecido a su difunta madre y había salido de la cueva y del círculo que lo protegía. El teniente lo encontró agazapado, aturdido y acurrucado en el suelo ensangrentado mientras agarraba del vestido a su madre, la bruja derrocada a la que no volvería a ver jamás.

El teniente Krammer llevaba tiempo tratando de procrear con su esposa. Ambos comenzaban a oír los murmullos de sus vecinos, lo cual, podría dar indicios de que habían sido maldecidos con un acto de brujería o que uno de ellos lo era, pues no estaba bien vista la tardanza o la imposibilidad de engendrar descendencia.

Krammer y su esposa habían acudido a diferentes especialistas con la esperanza de que la bendición llegase a sus vidas, pero ambos sabían que no era posible y temían lo peor, pues la infertilidad era un castigo de Geón y el sexo era únicamente un acto reproductivo. El teniente, tras pensárselo un rato, se lo llevó consigo para mantenerlo escondido.

Con la aprobación de su esposa, decidieron mudarse a otro pueblo donde nadie les reconociera, presentando así al niño como un hijo natural, nacido del lecho en el que yacían.

Aleyster creció en un mundo humano, lejos de la brujería, las congregaciones y la sabiduría que solo su linaje conocía, renegando de su madre biológica y siendo un geónico ejemplar. Con los años, se convirtió en guardabosque, yendo allí donde era llamado para ejercer su labor.

Aleyster nunca fue enviado al bosque de Puckley Baciu, puesto que tras morir su madre, ocurrieron varios hechos que llenaron el bosque de supersticiones y oscuridad, cerrando la entrada de todo hombre a las profundidades del bosque, convirtiéndolo en un bosque maldito.

Finalmente, Aleyster falleció a causa de la peste negra en 1720, sin haber conocido realmente quién era, ni la magia que habitaba en el mundo o las criaturas y los seres mágicos que habitaban el bosque en el que había vivido con la ya olvidada Akila.

El bosque de Puckley Baciu permaneció en la sabiduría popular como un lugar inaccesible para el hombre, rodeado de misterio y miedo de aquellos que alguna vez tuvieron el coraje de acercarse a sus lindes, alejando durante siglos a los que no eran bienvenidos

CAPÍTULO 1

"Tristes de nosotros que llevamos el alma vestida, con una coraza de armadura, creando miedos e inseguridades. Tristes de nosotros que guardamos el alma entre rejas, gritando piedad en soledad sin que nadie quiera oírla. Tristes de nosotros que la arrastramos a una necesidad casi perdida, llevando el alma callada y el corazón partido, casi hundido, vencido".

Eran cerca de las seis en punto.

Como cada mañana, al alba sonaba el toque de corneta que marcaba el comienzo de un nuevo día. Yara se levantó de la cama por inercia junto con el resto de expósitos para vestirse a toda prisa.

La noche anterior, había logrado quedarse dormida, extenuada por el torbellino de sucesos que le aguardaban día tras día, con la garganta seca y el estómago vacío. Al despertar, su sensación no era mejor. Había amanecido mareada y con escalofríos. Con el cuerpo repleto de arañazos, moratones y sangre seca, lo cual obvió para vestirse junto al resto, ágilmente aunque abatida. Ella temía salirse del rol encomendado. No vestirse a tiempo podría ser motivo suficiente para enfadar a la hermana Belial. Ella era la estricta monja que adoctrinaba a los expósitos que habitaban el internado Deineca, cuya localización se hallaba oculta en lo más alto del valle de Deineca. Su cometido no era más que el de instaurar el terror más inimaginable a aquellos que osaban desobedecer sus órdenes.

Al igual que Yara y el resto de expósitos, todos carecían de algo tan simple como la posesión de un nombre propio, puesto que les eran arrebatados una vez colocaban el primer pie tras los muros de aquel lugar. Yara había sido despojada del nombre con el que se identificaba para pasar a ser un mero número. Un ente sin entidad.

—Niña, tu nombre —le preguntó la monja a la llegada, en su primer día.

—Yara, Yara Krammer —respondió temerosa junto con el terrible miedo que le invadía todo su pequeño cuerpo.

—Pues olvídalo —contestó ella—. Ese es el nombre indecoroso por el que te llamaban, el que te puso la persona que te dejó en mis manos. Así que a partir de ahora serás "cero-uno-tres-cero-uno". ¡Repite ese número! —exigió con rabia y una voz disciplinaria.

—"Cero-uno-tres-cero-uno" —repitió obediente, sin pensar en nada más, sola y recientemente abandonada por su madre.

—Memorízalo bien, porque desde ahora todos te conocerán por él y cuando te llamen deberás responder con rapidez, ¿has entendido? —dijo mientras escribía el número en un cuaderno.

Todas se vistieron con premura con el mismo vestido, terminando justamente ante la aparición de la hermana Belial, para separar a las niñas expósitas de aquella habitación en dos grupos y para dirigir al primer grupo hacia el interior del patio, donde recibirían uno de los matutinos castigos que se imponían. El segundo grupo simplemente podría dirigirse a la sala A, donde se ubicaba el comedor, a desayunar.

Como cada día desde que había llegado al Deineca, a Yara le correspondía ser conducida hacia el interior del patio junto con el primer grupo. Un patio con un aspecto más que impecable para el terror que acontecía y el sufrimiento que se vivía allí día tras día. Una vez llegaron, fueron colocadas en varias filas, donde permanecerían inmóviles ante el rocío mañanero y una brumosa neblina.

La hermana Belial se alejó hacia los hombres que se encontraban esperando la llegada de las niñas, impasibles, sosteniendo en sus manos las mangueras de agua a presión que eran utilizadas como reprimenda.

—Son las cinco y cincuenta y siete, ¡desnudaos!—ordenó la monja, alzando la voz fuertemente con un tono amenazante.

Todas obedecieron sin rechistar. Sabían bien que de no hacerlo la situación empeoraría. Se quedaron desnudas, tiritando sobre aquel frío húmedo, intentando tapar la mayor extensión del cuerpo con los brazos, aunque alguna, sin mucho éxito por la diferencia de edad sobre otras de las niñas. Todas tenían diferentes edades, sin ser ese hecho importante ante aquella pesadilla sin fin, aunque ninguna sobrepasaba los diez años. Yara, por ejemplo, tan sólo tenía cinco.

—Seis en punto. Bien, ya sabéis, niñas, cuando os llame, daréis un paso al frente —cogió aire para proseguir—. ¡"Cero-cero-cinco-nueve-ocho"! ¡Paso al frente!

Ninguna de las niñas con las que convivió a lo largo de los años supo nunca cuál era su nombre real, el que le había puesto su familia biológica o si alguna vez lo llegó a tener siquiera, puesto que allí había niñas abandonadas desde su nacimiento.

"Cero-cero-cinco-nueve-ocho" dio el paso hasta colocarse cercana a la pared y se giró manteniéndose erguida y firme, con las manos cruzadas tapándose sus partes íntimas. En aquel instante, los hombres, abrieron el agua y el chorro a presión le azotó el cuerpo durante un rato. Cuando acabaron con ella, regresó junto al resto, mojada y con el cuerpo completamente enrojecido, para colocarse atrás, en la última de las filas.

—"Cero-uno-tres-cero-uno", tu turno —dijo con aires de superioridad, disfrutando del momento.

Era el turno de Yara. Al igual que el resto, debía permanecer impasible, aunque por dentro estuviera aterrada. La falta de obediencia se castigaba con mano dura. Tratar de librarse de un castigo, llorar, replicar, emitir chillidos o incluso suplicar únicamente las conduciría a algo aún más perverso, a la fuerza, durante largos periodos de tiempo y puede que incluso hasta la muerte. Eran conscientes de los viles métodos de tortura a los que podían ser sometidas, así que, Yara, con el cuerpo repleto de moratones, heridas, ampollas y quemaduras, se doblegó un día más para poder sobrevivir.

Se colocó al frente para recibir su castigo y un dolor intenso le invadió todo el cuerpo mientras gritaba todo cuanto podía en su interior. Nadie lo escuchaba, pero el sonido de aquellos gritos internos era tremebundo. Aquella niña de carácter indómito era reprimida con más fuerza que las demás. Había sido la última en llegar al Deineca y no había tardado en ser señalada y etiquetada como una niña insolente, descarada y alguien a quien repeler.

Al finalizar, apenas era capaz de moverse, pero tenía la obligación de hacerlo. El dolor y el frío se habían extendido por todo el cuerpo, pero, aun así, con la vista nublada y con su tiritante cuerpo paralizado, hizo un esfuerzo sobrehumano para regresar a su sitio tratando de quedarse erguida para no llamar más la atención. Dos niñas más siguieron el mismo proceso y al acabar, la monja se dispuso a dar uno de sus incesantes discursos:

—Debéis dar gracias al Señor por permitir devolveros al buen camino. Por la gracia de Geón habéis sido purificadas, porque lleváis el mal dentro de vuestra alma y no debemos dejar que el demonio se apodere de vuestro cuerpo. Sed agradecidas porque el amor del omnipotente es grande, y ahora mostraos arrepentidas por ofender al señor con vuestros actos. ¡Vestíos!

La hermana Belial siempre utilizaba métodos poco ortodoxos. No era de las que prefería evitar las sensibilidades ajenas, prefería explotarlas, alquitranar públicamente y emplumarlas. Disfrutaba con el dolor colectivo, podía notarse aquella animadversión en sus ojos.

Ellas se vistieron, aun con el cuerpo mojado, y rehicieron la hilera. La primera reprimenda del día había finalizado. El motivo de dicho castigo, una vez más, había sido a causa de los llantos nocturnos de Yara. Los llantos de una niña desconsolada de cinco años pidiendo ayuda.

Desconozco en qué momento de la vida de un niño se crea esa adicción al miedo o en qué momento se llega a descubrir que en su entorno nadie vive del amor, la alegría, la bondad y la paz, sino que el mundo está lleno de hostilidad y seres malvados. A la pequeña Yara, por desgracia, le había tocado descubrirlo a muy temprana edad. Había personas, como ella, a las que por diversos motivos les tocaba aprender a ser cautas para protegerse, como defensa, inmersas en la inseguridad y desconfianza. Un agujero voraz lleno de veneno, de una oscura energía que acababa por dominarlas para vivir paralizado en vida. Yara se había convertido en la imagen de todo miedo potencial. Pareciera ser más un fantasma que una persona.

La primera vez que ella recibió este castigo fue en su primer día, cuando acabada una intensa presentación, la hermana Belial la condujo a la habitación, caminando de pasillo en pasillo mientras sostenía un candelabro en la oscuridad de la noche. Dicha habitación era enormemente larga, donde únicamente se hallaban camas, pegadas unas a otras sin apenas espacio, sin decoración alguna, con las paredes totalmente lisas y repletas de niñas durmientes.

Caminaron por el inmenso silencio mientras alguna cara se asomaba de entre las mantas, curioseando para ver quién llegaba hasta detenerse frente a una de las camas vacías.

—Esta cama ha quedado libre. A partir de ahora será la tuya. Ponte el camisón y acuéstate —le dijo de una forma tajante y severa.

La pequeña Yara, que no estaba acostumbrada a vestirse sola y sin ayuda, lo hizo torpe y lentamente, algo que a la monja no pareció terminar de gustarle. Al acostarse, se percató de que aquel colchón viejo, por alguna razón que no comprendía, le producía un dolor punzante, como si le estuvieran pinchando con alfileres o agujas. ¿Un colchón que pincha? —pensó ella—. Su primera reacción fue la de quejarse, pero al escucharla, la monja no perdió la ocasión para despertar a todas las chicas del lugar y darles una charla de cómo no se debía ser mientras se paseaba por la habitación a modo de discurso.

—¿Veis, niñas?, "cero-uno-tres-cero-uno" está despreciándonos a todas con sus quejas. Miradla bien, se cree que es mejor que vosotras —se dirigió hacia ella y siseó su nombre con un tono casi demoníaco—. "Cero-uno-tres-cero-uno", ¿crees que el resto tiene una cama mejor? No. Y ninguna se ha quejado. ¿Sabes por qué? —preguntó—. Porque valoran lo que tienen, al contrario que tú, niña ingrata. Tú... madre, pecadora e impura... tenía razón. Eres una niña malcriada, fruto del pecado. No me extraña que no te quiera.

—¡Mi mamá si me quiere! —replicó cabizbaja, con los ojos vidriosos y a punto de llorar.

—Niña insolente, ¿crees que si de verdad te quisiera, te habría dejado aquí? ¡No volverá a por ti! —exclamó mientras se le escapaba una siniestra carcajada.

—Sí que volverá, siempre vuelve. ¡Mi mamá si me quiere! —replicó de nuevo con lágrimas brotando de sus ojos, recorriendo sus mejillas.

La hermana Belial, enfadada, dejó claro que tendría castigos por su conducta inadmisible. Le había contradicho, contestado, desobedecido y había comenzado a llorar. El revuelo aumentó y continuó:

—Se cree mejor por tener madre, despreciándoos a vosotras por no tenerla —Dijo mientras las iba señalando—. Tú, "cero-uno-dos-cero-cinco", llevas aquí desde que eras un bebé... ¡Mírala cómo llora! Esa es la clase de comportamientos que no queremos aquí. ¿Verdad, niñas? —en respuesta se oyó un coro de síes y asentimientos.

Yara continuó llorando. Lloró tanto que alguna niña se echó a llorar también, tal vez recordando a su propia madre, echándola de menos. El número de castigos iba "in crescendo" a medida que las lágrimas brotaban. Los llantos continuaron mientras se escuchaban las voces de alguna de las chicas decir cosas como: "¡Haced que pare!", "¡que se calle ya!", "¡así no hay quien duerma!"...

El revuelo se encontraba en pleno apogeo cuando la monja prohibió a todas las niñas expósitas que habitaban el Deineca volver a hablarle bajo ningún concepto, en ningún momento, y explicándoles la repercusión que obtendrían de no obedecer su clara y directa orden.

—La niña piensa que esto es un hotel o un campamento. Aquí todas habéis sido abandonadas porque nadie en el mundo os quería, pero gracias a Geón yo estoy aquí, cuidando de todas. Niña desagradecida —reprochó a Yara—. No estás en ningún campamento, ¡estás en un internado!

Yara, desde ese día, aprendió a dormirse salpicando lágrimas en la almohada inevitablemente, con el dolor punzante de un colchón repleto de alfileres. Una niña desolada y sin el consuelo de nadie. Desde ese día, comenzó a preguntarse si su madre realmente la quería.

No cabía una mañana en la que se librara del agua a presión. Decían educarlas con disciplina por su bien.

En las clases que tenían cualquier movimiento o gesto era excusa suficiente para que las monjas, también profesoras, le obligaran a levantarse, y delante del resto azotasen sus raquíticos dedos con una regla. Todo cuanto hacía era cuestionable, todo estaba mal.

En los recreos, siempre estaba castigada de cara a la pared con los brazos estirados sosteniendo un libro hasta sentir calambres, aprendiendo lo que aquellas hojas contenían.

Todas, palabras de Dios. En otras ocasiones, decidían usarla para limpiar de rodillas aquellos enormes baños con un cepillo de dientes, alegando cualquier conducta indecorosa que aseguraban que hubiera cometido.

A la hora de comer, el día no mejoraba, todo cuanto acontecía tenía su propio protocolo y cualquier atisbo de desobediencia, no siguiendo cada paso al pie de la letra, daba lugar a otra serie de castigos. En ocasiones, eran obligadas a comer en el suelo, sin manos, como perros. Otras, eran forzadas a comer alguna legumbre cruda, como los garbanzos, siendo esto casi imposible, salvo si eran engullidos.

Cualquier nimiedad era motivo de castigo. Llegar la última o negarse a terminar toda la comida que hubiera sido servida. La comida, casi siempre se encontraba en mal estado y estaba prohibido salir del comedor durante ese tiempo.

Todas debían permanecer juntas, rezando y comiendo en absoluto silencio, sin hablar entre ellas y en el supuesto de sentir náuseas, más les valía poder contenerse porque eran forzadas a comerse su propio vómito.

A veces, incluso, por el hecho de no poder acudir al lavabo en una emergencia debido a la alimentación en mal estado, se había llegado a ver cómo una monja le proporcionaba a alguien una bacinilla tras varias súplicas, obligándole a hacer de vientre delante de todos y a posteriori coaccionándole a comerse sus propias heces.

Aquellas monjas no tenían piedad y disfrutaban viéndolas sufrir en nombre de Geón. Eran imágenes crudas y bizarras. Hechos horripilantes. Eran violentas y crueles. Despiadadas. En aquel comedor se regía lo inhumano.

Un día, Yara cometió el error de expulsar toda su bilis entre arcada y arcada debido a la comida en mal estado. Trató de comer la carne mohosa de aquel menú hasta que no aguantó más y su cuerpo expulsó todo cuanto tenía. "No, por favor" —suplicaba ella—. "Lo siento" —se disculpó—. La prolija respuesta fue mera ostentación. Le dieron un cubo para que continuase vomitando. Cuando pudo sentirse algo mejor y con el cubo lleno de vómito, la sujetaron entre varias y le colocaron un embudo en la garganta. "No te resistas, será peor" —dijeron—. Aquel cubo lleno fue vertido en el embudo, hasta que todo, por completo, se encontró en el estómago de aquella niña.

Mientras, el resto no quitaban la vista de ella, inmóviles y sumisas. Para la hermana Belial, eran actos que todas las niñas debían ver para así aprender a comportarse "como Geón manda". Era su esnob gruñido de pretenciosidad.

En otra ocasión, una de las compañeras cometió el error de mencionar padecer estipticidad y las monjas no dudaron en subirla a una mesa delante del resto. Agarraron un fuelle de chimenea, de madera, y le metieron la punta del soplador por el ano. Le introdujeron aire hasta que gritó a horrores de dolor, con un chillido agudo y terrorífico, mientras algunas niñas vitoreaban.

Yara, como muchas otras, parecía más un fantasma que una persona. Se pensaba que no llegaría viva a ninguna de las noches que pasó allí. Su rostro liso y pálido era plano, ausente. Aquellas vivencias le estaban dejando una huella irreversible.

En el seno de aquel lugar tan suntuoso, los castigos y abusos se habían convertido en el pan de cada día sin que nadie pudiera hacer nada. Vivir en condiciones infrahumanas donde pasaron hambre y frío, las mutilaciones, torturas, electroshocks, lobotomías, inyecciones y prácticas médicas de las que no dejaban existencia en registros era todo cuanto conocían. Muchas, en su carencia de afecto, vieron aquellos actos como actos de cariño.

La hermana Belial solía escudarse en Dios y en que el sometimiento era su mera voluntad para la obtención de la salvación divina, para así poder salir al mundo y presentar a aquellas niñas algún día. Su epifanía tenía el potencial de reemplazar la oscuridad que ella anhelaba. Sus severos castigos proponían saciar su sed, apoyándose en la impureza y los pecados cometidos por otros.

Yara, aun siendo creyente, no había sido bautizada. Por ello, le habían hecho creer no ser hija del Señor o llevar el demonio dentro. Su continuo tormento por los castigos continuos recibidos se llevaban a cabo con el fin de evitar que fuera al infierno.

Ella sentía una decepción dolorosamente aplastante al haber sido engañada por su madre al dejarla allí. Maldecía el día en que sus progenitores tomaron tal decisión. Ella maldijo una y otra vez en su interior aquellos podridos recuerdos en los que los astros se habían alineado para que aquellos momentos se dieran lugar. Recordaba, cada palabra apuñalando por la espalda, sintiendo cómo le arrebataban hasta el alma y a sabiendas de que aquel sería el momento en el que todo cambiaría.

Aquel día, vio a su madre en una de las habitaciones de su casa, una mujer de cabello rubio y rizado con unos bonitos ojos azules, sentada frente a su padre. Ella se alegró al verla y corrió hacia ella abalanzándose a sus brazos mientras la llamaba "mamá".

—Yara, con cinco años, ya eres grande para estar todo el día en brazos. Ve a jugar a tu cuarto, que tengo que hablar con tu padre.

Ella obedeció y fue a su habitación a jugar con sus peluches. Justo en la habitación contigua, sus padres conversaban. Ambos comentaban lo consentida y caprichosa que era la pequeña bajo la propuesta de llevarla a un colegio más severo. Su madre mencionó que alguien le había hablado de un lugar muy bueno, un colegio militar. Un poco de mano dura no le vendría mal para espabilar.

Le explicó que dicho colegio tenía un alto coste y que le había supuesto un tiempo importante en dar con él, ya que muy poca gente era conocedora de aquel paraje. Insistió convencida en que la educación era excelente y añadió, finalmente, que así podrían descansar un poco y tener tiempo para ellos. Tras aquel debate, su padre, convencido, aceptó sin más.

—Yara, te vas a ir unos días de campamento —le dijo a ella muy convincente.

En aquel instante su niñez pudo darse por zanjada. Una niñez donde existía una libertad controlada de encontrar alegría en cualquier cosa, dejando la inocencia y la curiosidad florecer. Aquella invención fue el fruto de un malestar en su interior de un calibre inconmensurable. Un tiempo de dureza indescriptible y un daño de magnitud colosal, convirtiéndolo en un determinante de gran importancia sobre un futuro que se albergó en un rincón repleto de oscuridad. Un rincón tan oscuro como el zulo donde era aislada en ocasiones, donde no había más que un frío y húmedo suelo. La alegría era difícil de ver.

Su madre la abandonó en medio de una zona desértica, donde la carretera asfaltada se convertía en caminos de arena junto a dos desconocidos vestidos con hábito, que acababan de salir de un coche. Un efímero adiós entre los sollozos de una niña asustada para alejarse sin decir nada y un camino secreto, al cual no se podía acceder sin una capucha puesta, para no ver nada.

Desde aquel momento, la ansiedad secaba su boca hasta convertirla en polvo. Los latigazos verbales se entremezclaban con los físicos sin llegar a imaginarse que existían personas más crueles que las propias monjas.

Comenzaron a llegar doctores y enfermeras, tanto en lujosos automóviles como en helicóptero. Un estricto protocolo fue enseñado a las pequeñas de cómo debían actuar ante su presencia.

—Bajo ningún concepto podéis hacer preguntas, mirar a los ojos o hablar. Vista al frente y haced lo que os digan —les decía la hermana Belial.

Las niñas habían hecho una única hilera para acceder a una sala en completo y absoluto silencio. Una mujer vestida con una bata blanca iba inyectando una dosis de "algo" a cada niña que pasaba, en un tubo grueso y plateado, dejando una marca circular. Muchas cayeron gravemente enfermas durante los días posteriores, pero la hermana Belial les decía que debían ser fuertes para mostrarle al todopoderoso su valía.

Aquellos médicos cada vez volvían con más frecuencia hasta abarrotar los pequeños brazos inoculados de las niñas con aquellos círculos. Los dolores de las dosis se iban agravando y cada vez eran más las que caían enfermas. Una de las niñas fue llevada a un supuesto hospital, la cual nunca más volvió a ser vista.

Yara, que era conocida por ser insolente y cuestionarse las cosas, cometió un grave error cuando se percató de que el tubo de la aguja había pasado a ser de un color rojizo. Por curiosidad y sin maldad alguna, Yara quiso preguntar:

—¿Para qué es?

No obtuvo respuesta y todo continuó de forma cotidiana, pero a la mañana siguiente, mientras todas dormían, unos hombres irrumpieron y la sacaron a la fuerza, con el camisón aún puesto, hasta el vehículo que se encontraba tras los muros, aguardando su llegada. En su interior, la hermana Belial y un cura esperaban por ella. Durante el camino, fueron dando un sermón sobre las consecuencias que traerían sus actos. Decían haber apaciguado la situación, ya que había faltado al respeto a los médicos y había dejado a la institución en mal lugar después de la gran labor que estaban haciendo con ella.

Al llegar a un pueblo completamente desértico, la condujeron hasta una plaza. Allí se encontraban innumerables sacerdotes y obispos. Al encontrarse frente a ellos, uno alzó la voz. La instó a besar sus manos y agachar la cabeza en señal de respeto. Ella obedeció y así lo hizo de forma sumisa. Inmediatamente, le pidió ponerse de rodillas para besar sus pies. Ella se negó.

—Es tu última oportunidad, ¡arrodíllate! —gritó mientras fruncía el ceño—. ¡Si no serán siete latigazos! —prosiguió soberbio y arrogante.

Tras la negativa, sin miramientos ni discusión posible, fue atada a dos postes con unas cuerdas donde recibió los latigazos.

—Contaremos juntos —le dijo.

La pequeña Yara se despertó boca abajo, postrada en una camilla tras perder el conocimiento. Había aguantado hasta el tercer latigazo. Al despertarse, le estaban embadurnando la espalda con un ungüento. No obstante, no tardaron en meter prisa para regresar a la plaza donde permanecían esperando. La niña, coaccionada, finalmente accedió ante aquella brutal humillación para postrarse ante aquel hombre y besarle los zapatos.

—No —negó el obispo—. Eso era antes. Ahora deberás lamerme la suela de los zapatos.

Ella, sobrepasada, jadeó conteniendo un chillido de dolor e ira. Tomó aliento para intentar serenarse mientras el aire se arremolinaba a su alrededor. Un vendaval furioso se agitaba en su pecho con un fuego incapaz de apagar. Estaba llena de ira por dentro.

Frotó su pálido rostro de mirada lánguida para despejarse mientras recordaba aquella hermosa temprana edad, no hacía mucho, donde los sueños parecían ser alcanzables, obligándose a creer que aquel paso por los infiernos tan sólo eran las desavenencias de su inexperta vida. Tras unos segundos, hizo acopio de valentía sobre la anulación absoluta y repleta de abusos que sufría y, sin más dilación, terminó por ceder. No se resistiría más.

Después de aquello, los castigos cesaron por un tiempo. El resto de expósitos comenzaron a hablarle por orden de la hermana Belial, ya que, desde aquel día, Yara, había sucumbido por necesidad. La disminución por sus ganas de vivir, hicieron que su espíritu fuera apagando su fuerza, albergando en su interior una sensación de temor e inseguridad.

La hermana, en su afán de ayudar, comenzó los preparativos para "el gran día". Un día anual en el que diversas familias acudían al Deineca para conocerlas, en una gran fiesta, donde muchas de ellas serían adoptadas.

Todas estaban muy emocionadas mientras recibían instrucciones de manera individual, donde cada una, debería estar a la altura de las circunstancias, para que alguien, se fijara lo suficiente en alguna como para sacarla del lugar. Todas recibían instrucciones con gran ilusión.

A falta de unos días para la esperada fecha, los actos religiosos aumentaron y al finalizar las misas, alguno de los expósitos se quedaba en el recinto para ayudar a recoger. Ese día le tocó a "cero-uno-dos-cero-cinco".

El cura, que había oficiado la misa, la llamó desde una de las salas y al acudir, le preguntó si quería jugar a un juego. Acto seguido, se desabrochó el cinturón hasta lograr meter su mano dentro. Con la otra, comenzó a tocarle sus planos pechos. Por suerte, en aquella ocasión se frenó en seco ante "cero-uno-dos-cero-cinco" y enfadado dijo:

—¡Eres muy pequeña! ¡Vete! ¡Fuera de aquí!

"Cero-uno-dos-cero-cinco", obedeció sin comprender lo ocurrido y nunca dijo nada a nadie.

Al llegar el esperado y ansiado día, todas vistieron de gala, con vestidos caros a los que no estaban acostumbradas, dejando a un lado el uniforme. Todas, se encontraban impacientes por actuar de manera acorde a lo esperado, pero, tras pasar la puerta para entrar en el gran salón donde debían encontrarse con numerosas familias, tan sólo vieron a un montón de hombres, degustando comida y bebiendo vino y champán.

A nadie pareció importarle ese llamativo hecho, aunque con aquel entusiasmo tampoco se hubieran podido percatar. La hermana Belial, una vez dentro, iba acercándose de forma sutil a cada una para decirles a quienes debían acercarse a saludar. La gala se estaba alargando y después de unas horas, la pequeña Yara, que aún no se había recuperado del todo, se alejó dolorida para recomponerse.

Al apartarse del barullo, pudo cerciorarse de que uno de los invitados la observaba atentamente. Sus ojos se abrieron con un lánguido y lento movimiento hasta cruzarse en una enigmática mirada y entonces, la hermana apareció y se acercó a decir:

—Acompáñame a mi despacho, he de atender una llamada importante —ambas se escabulleron sigilosamente de la muchedumbre para ausentarse.

La puerta del despacho permaneció entreabierta mientras la hermana atendía la llamada. Yara pudo escuchar la mayor parte de la conversación, donde uno de los hombres que no había podido acudir a la fiesta, se mostraba interesado por una de las expósitas. Mientras transcurría el tiempo, ambos negociaron altas sumas de dinero hasta que llegaron a un acuerdo por ella.

Al regresar y casi a punto de dar por concluido el gran día, el hombre de mirada candente se acercó a la hermana Belial para hacer una última puja. Se desconoce la cifra completa, pero la hermana no dudó en aceptarla ni un instante. Un apretón de manos y un breve intercambio de palabras bastaron para conocer la aprobación de ambos.

—"Cero-uno-tres-cero-uno", volvamos a mi despacho, ¡ya mismo!, ¡venga!, ¡no hay tiempo que perder! —le dijo a Yara exaltada a toda prisa, agarrándola del brazo y tirando de ella para irse.

Al regresar al despacho, se sentó de nuevo en la silla que había frente a la mesa y entrelazó los dedos de ambas manos, pensativa. Yara, de pie frente a ella, inmóvil y erguida, se sentía ansiosa, aunque temerosa de saber todo cuanto ocurría. La hermana finalmente le anunció que partiría esa misma noche con su nueva "familia".

En aquel momento, casi sin margen de reacción, otra de las monjas, la hermana Aradia, interrumpió la conversación al picar la puerta. La hermana Belial la hizo pasar junto a la niña que traía consigo. Se acercaron a ésta para agarrarle del brazo y contemplar la infección que había brotado del antebrazo, de su número identificativo tatuado.

—Es un gran honor —dijo la niña agazapada, ocultando el dolor que sentía.

La hermana Belial se giró hacia Yara tratando de pensar cómo tatuarle el suyo, antes de su deserción. Finalmente, decidió que lo mejor sería tatuarlo en una zona donde no estuviera a la vista, entre la parte occipital y la nuca, para que, a pesar de que pasase el tiempo o le pusieran un nombre, nunca se pudiera olvidar de quién realmente era.

Mandó traer una maquinilla de afeitar y se pusieron a ello, realizando una maniobra poco higiénica o meticulosa. Para alguien como Yara, con su sexto año recién cumplido y con todo lo que había pasado en aquel reinado del terror, un rasurado y un tatuaje eran inapreciables. Fue un momento automático, sin pensar en nada salvo en su liberación. Su expresión de abatimiento se tornó y sus pupilas se encendieron. Un destello de alegría, por primera vez en mucho tiempo, eclipsó el lugar.

Al terminar, la hermana Belial la acompañó hasta la puerta, sin darle ocasión de despedirse de ninguna de las almas rotas que habitaban la penumbra de aquel lugar. Al abrirse las puertas, una resplandeciente puesta de sol deslumbró sus pálidas caras. ¡Qué bonita vista panorámica! —pensó Yara—.

Sin enseres, con lo puesto, ni nada de valor, dio su último paso al frente para irse sin mirar atrás, asumiendo que existían una serie de conceptos novedosos que amenazaban su seguridad, como los problemas, la frustración, las decepciones, el miedo o incluso la muerte. Aceptó además, mientras se acercaba hacia el coche, que fueran quienes fuesen las personas que se encontrasen en su interior, le iban a dar un repentino giro a su vida para dar paso a una nueva época, mejor que la anterior. Estaba convencida.

¿Sería el hombre con el que se había cruzado en la fiesta? —se preguntaba—. ¿Tendría ahora una mamá también? En ese momento, dubitativa, recordó a su madre biológica.

Miren, que así se llamaba, ya era madre de tres hijos en el momento en que conoció a su padre. Nadie hubiera podido recriminarle a una mujer divorciada y viuda con tres criaturas, acabar en un oficio nocturno para poder sacarlos adelante, aunque realmente éste no era el caso. Yara, nunca supo cómo una mujer con tres hijos acabó en un oficio como aquel, sola y lejos de sus descendientes, menores de edad. Sus padres se habían conocido consumando a cambio de dinero. Tampoco supo si en algún momento el amor realmente surgió entre ellos, aunque siempre quiso creer que sí.

De lo que sí fue consciente, es de que su madre no deseaba tener más hijos, pero la forma más certera de tener a un hombre económicamente solvente cerca, era, quedándose embarazada de la que sería su cuarta hija. Yara fue una niña buscada, como parte de una tradición arraigada que viene después de darse el "sí, quiero" tras una boda. Boda en la que estuvieron presentes sus tres hermanos aún menores de edad, donde fueron tachados de bastardos por su reciente padrastro, dejándoles claro que nunca serían aceptados, por lo que, Yara, durante su niñez, apenas pudo conocerlos.

Tristemente, su padre tampoco se alegró lo suficiente de su nacimiento, ya que había nacido siendo niña y él esperaba haber tenido el hijo varón que siempre había deseado. Para él, era su única descendiente, pero sus pocos conocimientos, dignos de siglos pasados, hicieron que dejase su crianza y educación totalmente a cargo de su madre. Como hombre tradicional de mente cerrada, jamás le dio un biberón o le cambió un pañal, pues él, era el hombre de la casa y eran trabajos que debía hacer la mujer. Así mismo, Miren, sin ganas de criar a otro hijo, dejaba a la pequeña al cuidado de diferentes familias o niñeras.

Los brazos en los que se acurrucó fueron muchos mientras era una simple infante, pero el cálido tacto y amor de aquellos desconocidos nunca fue duradero.

De su padre, apenas guardaba recuerdos, puesto que nunca estaba presente. A diario, acudía al bar a beber hasta bien caída la noche, regresando en un estado de ebriedad absoluta.

Yara había arraigado las ideas impuestas por la hermana Belial, quien diariamente la machacaba hasta hacerle creer que su madre la había abandonado, sin guardarle ningún tipo de afecto, siendo aquel su lugar, lugar donde la ayudarían a sacar el demonio que portaba dentro de sí.

Una vez estuvo frente al coche, tiró de la manija trasera, ansiosa, para entrar cuanto antes y así salir de dudas. Al abrirse, un corpulento hombre de traje negro con aspecto impoluto y portador de un sello en el dedo anular, sonriente, golpeó suavemente el asiento vacío, incitándola a entrar.

Hasta una mente tan poco desarrollada como la de Yara podía sentir una sensación extraña en sus entrañas a causa de los nervios destrozados y una deformada imaginación.

Todos síntomas de mal agüero. Sin poder negarse, obedeció y entró sin poder evitar sentir cierta incomodidad.

El chófer arrancó y se alejaron del lugar bajo un imponente silencio. Yara no podía dejar de hacerse preguntas y a medida que cada pregunta se amontonaba en sus pensamientos, no podía evitar sentir un temor que permaneció latente durante todo el viaje.

El hombre y Yara se observaban impotentes de reojo, durante un rato, hasta que el misterioso hombre perforó aquel silencio regulado.

—¿Cómo te llamas pequeña? —le dijo tras mojar sus labios con la punta de la lengua.

Yara dudó sobre qué responder, pero tenía claro quién era.

— "Cero-uno-tres-cero-uno"—terminó diciendo.

El hombre no pudo contenerse y se echó a reír. Yara cada vez se sentía más incómoda al escuchar su diabólica carcajada y ver sus afilados dientes. No parecía ser una persona común. Él se giró hacia ella con los ojos como platos y una mirada lasciva, sin perder la sonrisa, mientras un hilillo de baba comenzó a caérsele. Yara, con la cabeza gacha, se alejó hasta darse con la puerta.

—Pareces tan delicada como un diente de león, ja, ja, ja. Tan tierna y suculenta como el mejor de los manjares. ¡Qué exquisitez! —decía lujurioso con los ojos prácticamente en blanco, completamente extasiado y fuera de control mientras se relamía una y otra vez.

Yara permaneció firme e inmóvil, mirando al frente sin dar señales de haberse inmutado, como bien le habían enseñado. Él, por su parte, aplacó las imágenes predictivas que pintó en su mente, se limpió la baba y continuó.

—No temas, niña, es sólo que me invade una profunda alegría de tenerte junto a mí. Dices llamarte cero-cero no sé qué, pero ahora puedes llamarte como quieras, tú decides, realmente no es algo que deba importarme —y tras un lapso de silencio prosiguió—. ¡Pero qué maleducado soy, si aún no me he presentado! —dijo—. Yo soy el señor Karnayna, pero puedes llamarme Líndel.

—Yo..., ¿puedo llamarme Yara? —le preguntó una vez calmada su ansiedad.

—Claro, te lo he dicho, puedes llamarte como quieras —insistió sonriente.

De repente, el coche se paró en seco. Habían llegado a su destino. Pudo escucharse el "clic" del cierre automático para evitar que nadie pudiera salir de él. El señor Karnayna, procedió muy alegre a ponerse unos guantes de terciopelo. "No debo mancharme" —pensó él—.

Había oscurecido y, por lo que podía entreverse tras la ventana, se encontraban en medio de una oscuridad envuelta en una grumosa neblina. Inmediatamente y sin dar tiempo de reacción alguna, abrió los labios carnosos, dejando al descubierto unos pequeños incisivos muy espaciados y caninos largos, agudos y superpuestos, como los de un galgo. Una dentadura feroz, mortal y carnívora.

Aquellos antinaturales dientes afilados fueron directos al cuello de la pequeña Yara con una velocidad vertiginosa. Aquel hecho sucedió tan rápido que daba la impresión de que el señor Karnayna, imparable, no fuera siquiera de este mundo.

CAPÍTULO 2

"Sombra exiliada que busca sin descanso su propia alma. Tan sólo resiste, sobrevive. Apenas se hace visible. No es nada y tampoco es nadie, es el desaliento de sí mismo siguiendo las huellas de su propio camino en el oscuro vacío. Es el viaje de su propio ego, solo, entre las tinieblas, resistiendo fuerte, aunque con miedo a perderse en ella. No te ahogues entre lágrimas sabor paraíso, creando un virus que se empodera, donde todo tiene cabida, donde parte de la angustia es emitida en vida, pero jamás superada, ni recorrida".

La adrenalina fluyó por su sistema, sintiendo una oleada de entusiasmo. La sangre de Yara salpicó toda la parte trasera del coche, llegando incluso a bañar la cara del propio chófer, que no había murmurado ni una sola palabra durante todo el viaje. Ambos sentían tal deleite nadando a vueltas dentro de ellos, ansiosos por comerse sus pequeñas extremidades. "Todo a su debido tiempo", sería lo que seguramente le hubiera dicho el señor Karnayna a su chófer.

A la pequeña Yara le comprimía tanto el aire que se sentía asfixiada. Estaba helada, petrificada. Entre aquellos caóticos jadeos y los dientes clavados en su carne, sintió estar dentro de un enorme agujero negro repleto de terror perpetuo y desesperación.

El shock y la incredulidad estaban más allá de todo lo que había sentido anteriormente. La situación era compleja, tanto que Yara únicamente podía entrar y salir continuamente de una crisis mental. No obstante, la mueca impía que dominaba el rostro del señor Karnayna sumergido en aquel banal disfrute no duró mucho. En cuanto su sangre arraigó hasta penetrar todo su cuerpo, se detuvo paralizado por la rabia. Una súbita palidez cubrió su tez por completo hasta tornarse a un tono rojizo, con todos sus vasos sanguíneos completamente hinchados.

—¡No puede ser! —gritaba una y otra vez, llevándose las manos a la cabeza mientras giraba sobre sí mismo, muerto de dolor—. Ese sabor, esa sangre... ¡Es una... es una...! ¡Ahg! ¡Maldita meiga!

Yara se encontraba aturdida, tratando de devanarse los sesos para encontrar una lógica a lo que sucedía. ¿Una qué? —se preguntó.

El calor era tan sofocante que el señor Karnayna abrió la puerta para tirarse vagamente al suelo, tratando de recuperar las fuerzas entre arcada y arcada, con aquel dolor extremo que lo desgarraba por dentro.

El chófer, aún hechizado por el derramamiento de sangre, salió en su ayuda mientras le crujían las tripas, casi desfallecido por la hambruna. Ambos, molestos por haber perdido la oportunidad de darse el festín con aquella niña como tentempié.

—¿Qué hacemos con ella? —le preguntó el chofer mientras chirriaban los dientes, con la mandíbula apretada, tratando de contenerse.

—Nos la llevamos —contestó mientras se recuperaba, aún arrodillado en el suelo.

—¿Es que quieres matarme? —le recriminó a Yara sin que ella supiera de qué hablaba.

Yara no dijo nada, no supo qué decir. Ni siquiera comprendía lo que había sucedido. Todo había pasado en un pequeño instante. Permaneció estática, mirando a su alrededor abatida, sin saber si aquel realmente sería su fin. No iba a oponer resistencia, era una niña sumisa a la que le habían enseñado con mano dura que no debía hacerlo.

Entumecida por el mordisco, las circunstancias enfermizas habían distorsionado su lógica, dudando de sí misma. Tan sólo era una niña, un fajo de masilla moldeable que había estado recluida en un ataúd de una manera que solo un cadáver debiera. Había ido rotando entre las malvadas garras de unos y otros. ¡Qué ilusa al haber podido pensar que esta vez sería diferente!

A su corta y temprana edad había vivido en un mundo apretado por la asfixia, donde se utilizaba el miedo, la conformidad y la dependencia como combustible. Era todo cuanto conocía e inevitablemente era presa de aquel infierno.

El conductor, cumpliendo las órdenes, sacó a la pequeña del coche para perderse entre la penumbra, donde serpenteaba finalmente el camino de oscuridad, rodeados de aquella neblina. Yara puso la cabeza en sus robustos brazos y sollozó como si se le fuera a romper el corazón, tratando de buscar consuelo entre aquella aura repulsiva.

Sollozando en la orfandad de las tinieblas de aquella noche tan tétrica, comenzó a escuchar una cacofónica melodía que desconocía de dónde provenía. Eran los necrófagos hambrientos que habitaban la zona en busca de carne.

El chofer la condujo hasta un establo mientras la sostenía del brazo. Al llegar, le dejó claro que no pertenecía a su entorno ni a su familia. Ni siquiera podrían considerarla una forastera, ya que era un mero tentempié, comida de la que abastecerse y hasta no aclarar la situación se quedaría ahí.

—Ahí dormirás tú —le dijo tras enseñarle la cuadra donde dormían los animales, señalando un hueco en el suelo repleto de paja al lado de los cerdos—. Ten cuidado, niña, te pueden morder —terminó por decir antes de irse, cerrando la cuadra con candado y pestillo.

Sin tan siquiera una manta con la que arroparse, Yara tuvo que pasar la noche en aquella cuadra junto a los animales, que, por suerte, emanaban cierto calor con el que poder resguardarse. Ella podía notar cómo incluso en aquel establo tampoco era bien recibida por los animales. Su presencia les hacía sentir incómodos, puesto que no dejaba de ser una intrusa.

Aquel hedor pestilente penetraba en su cerebro perforando todos sus sentidos, impidiendo que pudiera descansar. Las ráfagas de viento comenzaron a hacerse latentes con el sonido de la puerta y un silbido atronador.

Durante aquella larga noche no paraba de preguntarse qué había hecho para merecer tal castigo, así como visualizar en su mente la compleja situación vivida, siendo atacada por el que pareciera ser en un inicio su rescatador. Aún portaba sangre seca por su cuello junto a unas protuberancias esféricas que le hacían sentir cierto resquemor.

¿Cuál era la palabra que había usado para referirse a ella, mientras la acusaba?, ¿meiga? —se preguntó—. A saber. En aquellos instantes de preguntas sucesivas, comenzó a culpabilizarse por su oscura soledad, donde ni sus propios padres la habían hecho sentir querida o protegida. Suele decirse que, todas las madres crean un vínculo irrompible con sus hijos, después de haberlos llevado dentro durante meses, sintiéndolos, dándolos a luz, el pecho... Así como que todas poseen un instinto protector, pero, ¿realmente era así?

Esbozó una leve sonrisa al recordar a su madre llamándola "culo inquieto" mientras correteaba por una de las diversas casas en las que estuvo viviendo. ¿Dónde estaría ahora? —se preguntaba mientras rogaba por volver a verla—.

Un haz de luz atravesó el establo. Ya era de día, pero el sol no se había dejado ver, ni tampoco lo haría. Aquel lugar se hallaba en medio de las tinieblas y la penumbra, entre unos bosques de arboleda funesta y unas aguas nebulosas procedentes de algún recóndito lugar, sumergido entre la espesa neblina, que pareciera no querer irse de allí.

El señor Karnayna abrió el cerrojo de la puerta. Al verle, Yara no pudo evitar sentir un escalofrío recorriendo todo el cuerpo. Ella poseía una mirada lánguida con expresión tímida, mientras que él, aun con su piel azulada y sus labios amoratados, continuaba teniendo una mirada lasciva. Incluso después de su encuentro inicial, las fantasías no se habían disuelto del todo. Eran pensamientos de violencia que inevitablemente se habían colado en su mente de nuevo.

Para acercarse a ella sin infligir daños, sacó un bote con un ungüento y se lo frotó en la nariz. Su rostro recobró su tez pálida al instante.

La ayudó a salir del establo para llevarla hacia la torre de Tumma, donde le explicaría todo cuánto pudiera. La torre de Tumma, era una estructura imponente y sombría que se alzaba contra el cielo como un guardián oscuro en medio de la noche. Sus torretas puntiagudas se alzaban como garras afiladas hacia las estrellas, y sus paredes estaban cubiertas de enredaderas retorcidas que parecían susurrar secretos antiguos al viento.

Una vez traspasaron los muros del Tumma, un hedor a putrefacción precedió a la aparición, como el hálito de algún animal carroñero, donde decenas de seres con potentes garras y babosos colmillos se apartaron para darle paso al señor Karnayna. A Yara apenas le respondían las piernas para caminar inundada por el miedo. Su corazón latía con fuerza en su pecho, sus ojos se abrieron como platos y su mente luchaba por comprender el horror que se desplegaba ante ella. Le revolvían las entrañas.

De las paredes se podían escuchar susurros y llantos suplicando por un trozo de carne, la carne fresca de su pequeño cuerpo de exquisito aroma. Los susurros inquietantes y los llantos angustiados resonaban en las paredes, como ecos de almas atormentadas que clamaban por la liberación. Yara se aferró a la esperanza de que aquellos sonidos fueran meras ilusiones, pero viendo aquellos seres carroñeros de potentes garras sabía que lo oscuro y maligno moraba en aquel lugar.

En lo más alto de aquella torre, ya en un ambiente más tranquilo, fue invitada a tomar asiento y escuchar.

—¿Sabes qué eres? —preguntó.

Yara negó con la cabeza.

—¿Sabes qué soy?

Yara negó de nuevo.

—Hace siglos el terror gobernaba cada rincón por seres superiores a la raza humana. Seres tan diferentes unos de otros que acabaron en guerra, matándose entre sí por el poder absoluto. Deseaban instaurar la oscuridad eterna y esclavizar a los más débiles. Alguna de las razas incluyendo la mía, no estábamos de acuerdo con el alto precio a pagar por las decisiones de unos pocos.

»Con el paso del tiempo muchos habían perdido el norte, sin tener claro cuál era el fin de todo aquello o incluso su propio bando. Era una auténtica masacre. Fueron los primeros meigas quienes lograron ponerle freno, acabando con ciertas especies y sellando un pacto sagrado entre el resto, obligándonos a vagar en la oscuridad por toda la eternidad.

Tomó aire y continuó.

—Los humanos, emanáis un perfume, un aroma dulce como el almíbar que nos enloquece. Éramos seres viles y despiadados que habíamos olvidado cuál era nuestro lugar. Sólo el sabor de un meiga puede frenar nuestros más viles deseos. Es nuestra kriptonita. Aquí estás a salvo aunque no por mucho tiempo. Podrían desgarrarte las tripas por mero entretenimiento. Somos el clan Ghilan y yo soy uno de los últimos ghoul con vida que recuerdan aquella época.

Nuestro clan ha de perdurar y mi prioridad son ellos. Ellos e incluso otros seres de los que no hablaré.

»No tengo deseos de hacerte daño alguno, ya que me lo terminaría haciendo a mí mismo así que he tomado la que creo será la mejor decisión. Deberás volver al internado —y tras unos segundos de silencio se levantó para dar por finalizada su explicación—. En fin, siento no disponer de más tiempo, cómo diría un buen amigo "la verborrea no debe volverse verbosa".

Tras acabar, regresaron al coche para poner rumbo al internado, quien ya se encontraba en preaviso. El señor Karnayna se encontraba muy tranquilo, pues sentía la certeza de que su secreto no corría ningún peligro. "Esa niña no dirá nada"—pensaba—. "¿Quién la creería?".

Yara, por su parte, sentía una gran decepción. Trataba de encontrar los retazos de su existencia mustia. Había palabras que golpeaban su cerebro como si fuera un golpe devastador. De todo cuanto había sentido o vivido únicamente le importaba aquella frase que le rebotaba de continuo en su cerebro. "Deberás volver al internado".

—No temas, pequeña meiga. Los reveses injustos forman parte de este juego llamado vida. Lo mejor está al otro lado del miedo y el miedo no se supera sólo pensando. Todo pasa por algo. De no ser así, no nos habríamos conocido, ¿no crees? Hacía siglos que no daba con alguien como tú y menos alguien que desconociera el poder que lleva dentro. Deberás avivarlo o el sufrimiento será incesante, dominante hasta el punto de asfixiarte.

Al llegar y antes de irse, se despidió de la pequeña:

—Tengo el presentimiento de que nuestros caminos volverán a cruzarse.

Y así, Líndel Karnayna, el ghoul con forma humana, se alejó con un rostro seco de disfrute.

Una de las monjas la condujo hacia el despacho de la hermana Belial. Allí se encontraba una expósita recién llegada. Estaba echada sobre las rodillas del cura, con los pantalones bajados y las nalgas ensangrentadas. Habían usado como primera reprimenda aquella especie de pala de madera gruesa con agujeros que Yara tanto temía.

El cura levantó a la niña, cuyas nalgas permanecían completamente agrietadas para subirle los pantalones y mandarle irse.

Ya estando a solas, la hermana Belial le indicó que su madre biológica volvería a por ella. Le confesó que durante todas las semanas había estado llamando y que le había mentido por su bien. Le comentó que quiso regresar a por ella en una ocasión, pero que sin rogar ni insistir, ella misma tomaba la decisión de dejarla allí durante más tiempo. Había mil razones para prolongar indefinidamente su permanencia.

No desaprovechó el momento para demostrarle una vez más, a aquella mente susceptible de ser sugestionada, que su madre no la quería y para persuadir, le mostró con claridad que, aunque volviese con ella, no debía creerla, puesto que aquel era su lugar.

La pequeña había sufrido tanto y le habían inducido tantos tormentosos momentos, que a la última persona en quien creería sería su madre. Había pasado tanto tiempo que apenas quedaba un vago recuerdo y las reminiscencias en su nombre, habiendo asimilado su ausencia.

Poco después, su madre regresó a por ella al mismo lugar desértico donde la había abandonado, no sin antes haberla obligado a jurar que jamás contaría lo ocurrido.

Yara, después de vagar bajo aquellos cielos tormentosos donde la violencia había carcomido su inocencia y su propia humanidad, aprendió a desarrollar una capacidad que pocos pueden y que pocos sienten la necesidad de hacer. Reprimir recuerdos y reprimirlos, era la opción más sabia para conservar la cordura. Y por mucha cordura que pudiera conservar, ella ya no reía, ni correteaba.

La soledad se había convertido en su aliado. Soledad como cobijo, como carencia y como límite del mundo. Soledad como aislamiento, inseguridad y sufrimiento.

Vacía y sin apegos. Una niña incomprendida con una coraza de cara al público. Una versión descafeinada de sí misma, con una profunda sensación de desesperanza y desasosiego difícil de definir.

Prefirió convertirse en un títere que baila para un titiritero. Una niña de corazón noble pero de mente confusa. Una versión de sí misma con armadura donde el cariño no llega, pero el dolor se acoge en menor medida.

Yara había cambiado irremediablemente.

Había germinado de la oscuridad de las tinieblas. Navegó a través de la oscuridad, en un gigantesco pozo de horror. No podía deshacer el daño que le habían infligido con aquellos devastadores golpes. Sin rumbo fijo y bajo la luz lúgubre, ella permanecía. Compartía el mismo denominador común al resto de humanos y era el de aferrarse a la vida.

Ya en casa, su madre notó una actitud reacia hacia ella. Era inevitable y de esperar. En lugar de mostrar un atisbo de comprensión hacia ella, la sacudía y le propinaba continuas palizas por no mostrar la actitud que deseaba. Finalmente, dejó de insistir pese a haber visto cicatrices en su cuerpo. Nunca supo lo ocurrido y no hizo preguntas al respecto.

Los cambios de viviendas no tardaron en llegar. Para cuando Yara había cumplido los ocho años, ya había pasado por dieciocho casas contando el internado y varias familias, pero, ¿había un porqué?

En cuanto al señor Karnayna y lo sucedido, prefirió tratar de olvidarlo, intentando creer que aquella noche había sido producto de una trastornada y confusa imaginación. Prefirió vivir en la ignorancia, sin saber que las criaturas sobrenaturales vivían a su alrededor.

CAPÍTULO 3

"Entre caídas comprendí que no todo el mundo tenía cura. Muchos hablan, y sueltan palabras acerca de otros que pasan hambre, desconozco si de hambre de comida o hambre de postre ajeno, hablando de todo como si les importase… ¡Qué feliz debe ser aquel que pueda pensar en la infelicidad de los demás, y qué estúpidos deben ser no sabiendo que la infelicidad de los otros es también de ellos! Vive y deja vivir, decían… ¡Qué difícil es ser uno mismo en un mundo tan enrevesado. Donde todos valen más que todos y todos saben más que otros tantos!"

Su madre solía tener por costumbre desaparecer en cuanto podía. Era de esas personas que siempre tenían un plan "b" para sí mismas, descuidando a quienes la rodeaban. Incesantes fueron las promesas hechas que jamás cumplió, rompiendo el vulnerable e indefenso corazón de una frágil niña, viendo cómo sus esperanzas e ilusiones se desvanecían. Promesas llenas de palabras vacías, endulzando los oídos, creando sueños rotos antes de que emprendieran vuelo. "Volveré a por ti", seguida de una hora concreta. En cuanto conocía a alguien, no desaprovechaba la ocasión para dejar a su hija con quien fuera. "Será por una tarde". "Volveré a las siete". Tardes que se convertían en noches y noches que se convertían en días. Días que se convertían en semanas y semanas que se transformaban en meses. ¿Quién dejaría a su hija a merced de cualquiera?

Hubo quienes quisieron denunciar la situación por abandono y desamparo, pero siempre quedaba en nada. A las personas se las silencia fácilmente con dinero. Un método de persuasión implacable. Una disculpa y unos billetes bastaban para solucionar cualquier cosa.

Yara vivía en una profunda incertidumbre donde rezumaban los débiles rastros de la niñez que le habían robado. Parecía vivir en un constante peregrinaje de aquí para allá, obligada a amoldarse a diferentes costumbres con cada familia. Geónicos, testigos de Geón, el corpus, geasones, ateos, familias de otras religiones más allá del reino, familias pobres, familias ricas.... Yara estaba harta de hacer maletas.

Con el tiempo dejó de preocuparse en hacer amigos, amigos que tendría que dejar atrás antes de lograr deshacer siquiera el equipaje. Su mayor preocupación era sobrevivir, y lo hacía por mero instinto, mera inercia.

¿Y sí...? Demasiadas preguntas sin una respuesta reconfortante. Qué disparidad preguntarse o imaginar cómo podrían haber sido los acontecimientos de haberse producido de maneras completamente dispares.

Hubo un tiempo en el que logró sentir un atisbo de aleteo de mariposas, logrando liberar su energía infantil, pero la extensión de la maldad de las personas hacían que durase poco tiempo. Bullying continuo en el colegio, donde los propios profesores eran partícipes, padres ausentes, amenazas constantes, soledad absoluta...

Yara hizo frente a la vida aislándose del mundo y, por desgracia, fue esa misma soledad la que la condujo al sitio equivocado en el momento equivocado sin que nadie se percatara.

Era una chica invisible, alguien que nadie tendría en cuenta, cuando dos hombres vestidos de negro la metieron en un coche a la fuerza. Nadie supo que la ahogaron durante horas en una bañera llena de agua, donde tuvo que ser reanimada en sucesivas ocasiones con un desfibrilador. ¡¿Qué es lo que has visto?! Le preguntaban aquellos hombres tratando de hacerla hablar.

Nadie tuvo constancia de cómo trataba de recobrar aliento, pidiendo una ayuda que no recibiría, mientras notaba aquella abrumadora sensación de pánico y quemazón en sus pulmones. Nadie vio como aterrada, elucubraba su muerte, divagando en pensamientos turbios, directa hacia su propio abismo, encalabrinada por ser esa una muerte injusta y carente de sentido.

Absolutamente nadie la hubiera echado en falta si aquella vida hubiera tenido fecha de caducidad aquel día. Fueron las diferencias entre aquellos dos hombres lo que le salvaron la vida, mientras discutían, apuntando con un arma de fuego, si quitarle o no la vida. "Es sólo una niña". Esa frase le salvó la vida bajo la promesa de no decir nada sobre lo sucedido. Lo que había visto no era más que un simple pago sin ninguna importancia para ella. Fueron esos mismos hombres que habían decidido dejarla vivir, quienes la seguían constantemente a cada paso que daba, amenazando a todo aquel que se le acercase por miedo a que Yara decidiera contarles algo.

Fue ese mismo motivo, el que la condujo a tomar una decisión drástica sobre toda persona que quisiera acercarse a ella para entablar conversación. Dijo adiós a todo el mundo, poniendo un muro en todo cuanto la rodeaba, pensando que así evitaría poner en peligro a nadie.

Yara sintió que aquel acontecimiento la había llevado a un declive y colapso emocional. Jamás podría volver a confiar en nadie por temor. Jamás podría abrirse o coger apego. Siempre dando rodeos de varias vueltas por caminos para evitar que la siguieran, sintiéndose observada y cohibida. Tuvo que aprender a poner sus emociones en cuarentena por seguridad.

La pequeña, que creía fervientemente en Geón y había sido bautizada dos veces en secreto bajo el pretexto de alcanzar la salvación divina y demostrar que no portaba un demonio dentro, dejó de creer tras aquel suceso, convencida de que había sido abandonada también por Él.

Con apenas ocho años, se había visto obligada a caminar por un arduo camino, en el que a cada obstáculo, entre piedra y piedra, terminó abandonando su fe en todos e incluso en ella misma. Aun sin tener fe ciega, ella sentía una necesidad desbocada por ser querida por su madre. Era el deseo que anhelaba con todas sus fuerzas.

Aunque no había tenido ocasión de demostrarlo, su naturaleza era cariñosa. Sentía el deseo de apoyar la cabeza en su pecho y sentir la seguridad y calidez de su amor mientras le musitaba dulcemente un "estoy para lo que necesites" tras acudir a ella. Deseaba tener una madre que abogase por ella, con comprensión, con cariño. Una madre que la protegiera, porque a veces, costaba entender que la persona que te hiere fuera la misma a la que estás necesitando. Aquello era un mero sueño, el deseo imaginario de una triste niña que desconocía cómo su familia guarnecía un oscuro secreto. Un secreto que trataban de ocultar, de disimular e incluso de ignorar.

Cuando aquella incógnita se vio revelada al fin, para Yara, ya era demasiado tarde. El daño era irreparable y, sin que nadie comprendiera en profundidad la situación, acabó irremediablemente siendo presa de la desgracia, inmersa en la desdicha y azotada por una vida que apenas se encontraba dando comienzo, repleta de adversidad.

Se equivocó la cigüeña, nací en la familia equivocada —solía pensar ella—. Una oración llena de tópicos que hacen ver como el pasto se ve más verde en el jardín del vecino, tendiendo a dar por hecho que lo de otros siempre es mejor que lo de uno mismo.

Los hijos esperan que los padres siempre tengan la razón absoluta, lo sepan todo y hagan lo mejor para ellos sin hacerles sentir sapo de otro estanque. Lo cierto es que, la estructura familiar, como estereotipo de familia normal, está hiper diversificada y ningún padre o hijo vienen al mundo con un libro de perfeccionismo. Un libro repleto de sabiduría donde los adultos pueden aplastarlos con su poder indomable, llenos de experiencia y grandes consejos de aprendizaje.

Más acorde a la realidad, la diversidad es tan alta que difiere mucho la base de la experiencia de la vida de unos a otros, tanto, que algunos niños llegan al mundo sin tan siquiera ser queridos y otros, de serlo, adquieren como herencia los problemas de sus progenitores creando un bucle de dolor infinito, estando o no presentes.

A sus once años, pudo cerciorarse de la realidad que había estado ante sus ojos durante toda su vida. Once años y veinte casas fueron los necesarios para darse cuenta de lo que acontecía, cuando por fin cesaron los continuos viajes y al fin pudo permanecer con su verdadera familia por un tiempo prolongado.

Yara vivía en el seno de una familia con una dinámica desconcertante, una dinámica que nunca antes había puesto en duda hasta que finalmente aquella frase que le habían dicho en innumerables ocasiones cobraba sentido: «Tu madre está loca». Dichas palabras chocaron como una bola de demolición contra un rascacielos. Nadie nunca se había parado a explicarle el significado de una enfermedad mental, salvo para darle connotaciones negativas; siendo un loco aquel que obraba de forma perturbada, un enajenado que se comportaba de forma temeraria e irracional, sin importar las causas o la persona en sí. La locura era una perversión que merecía la cárcel, el destierro o un exorcismo. Un loco era alguien a quien despreciar sin que pudiera ser ofensivo. «Tu madre está loca», una expresión peyorativa que había obviado hasta aquel momento, donde pudo ver por primera vez una dimensión enfermiza de su personalidad que nunca había visto antes bajo una mirada completamente ida.

Era un día cualquiera. Los vecinos habían avisado a las autoridades, quienes habían visto a una mujer vagando sin rumbo durante horas, disfrazada de princesa, gritando a la nada estar siendo observada a través de la televisión y los espejos. Aquel día los agentes de policía la llevaron de vuelta a su hogar, donde se quedaron atónitos al ver que todo cuanto bordeaba la casa estaba repleto de muebles, televisores y espejos rotos tras haber sido lanzados desde las ventanas.

Los días anteriores, los había pasado pintando todos los espejos de la casa y cubriéndolos con sábanas, además de acusar al vecino más cercano de haber estado observando a la pequeña Yara, desnuda mientras se duchaba. Cierto era que aquel hombre de normal apariencia, solía practicar una especie de magia negra, donde hacía rituales con un muñeco de vudú para tratar de vengarse del novio de su exmujer. Más allá de eso, era una acusación sin fundamento de modo que, nadie tuvo en cuenta las absurdas acusaciones de una loca.

Después de aquel suceso, todo comenzó a empeorar. Ninguna persona de su entorno la ayudó en aquella devastadora enfermedad. Todos, incluido su marido, se reían de ella por padecer aquel suplicio que no estaba bien visto.

No era un dolor físico, ni un esguince. Era algo melancólico e inmutable que se cocía a fuego lento. Era toda una panoplia de diferentes síntomas y una pérdida progresiva del sentido de la realidad. Aquellos síntomas no sólo no amortiguaban nada sino que lo amplificaban todo. Eran ensordecedores y apabullantes para quien la padecía, pero aterradores y desesperantes para su entorno y allegados.

No era un dolor físico que poder tratar con reposo. Era paranoia sin cura ni censura. Una experiencia en la que uno se veía inmerso sin pedirlo, donde el raciocinio se volvía algo inviable e imposible, donde los cimientos de la casa se inclinaban en la dirección de quien lo padecía. En este caso, de Miren.

Era inevitable, aunque sólo un miembro de la familia padeciera aquella enfermedad. La lógica interna de todos los integrantes se veían envueltos en su locura, enredados en su sufrimiento. Era inexorable, un daño incurable. La peor parte de tener una enfermedad mental era que la gente esperaba que se comportase como si no la tuviera y aquello, se convertía en un bucle infinito de agonía.

En aquellos años donde los viajes habían cesado, continuó creciendo en un clima de perpetua enfermedad, en un vacío y una falta de empatía e interés. Sus padres vivían sumergidos en una guerra continua repleta de amenazas e insultos. Miren siempre se escudaba en la pequeña para que su padre se contuviera, por lo que Yara siempre estaba presente en todas las discusiones. Era el peón de un tablero de ajedrez. Un cero a la izquierda.

Sus negligentes padres se habían olvidado de ella, pese a convivir bajo el mismo techo. Ambos vivían enfrentados, inmersos en su propio mundo macabro, donde reinaba el caos en aquella absurdez de haber quien se hacía más daño. "¿Cuántos años llevarán así?" —se preguntaba ella—. "¿Era ese el motivo de vivir continuamente con diferentes familias? ¿Su madre la había estado mandando lejos para protegerla de esa atmósfera infernal?". Seguramente sí.

Ambos tenían boca con forma de lanzallamas. Ambos se maltrataban mutuamente y únicamente hacían piña para ponerse de acuerdo en atacar a la pequeña. Ambos estaban poseídos y rotos por el dolor y ambos quisieron consumirse delante de ella. El sonido de las crepitantes llamas iba acompañado de un martilleo devastador: "Eres una inútil". "No sirves para nada". "Eres una zorra". "Debería haberte abandonado". "Eres estúpida". "Menuda mierda de hija"… Daba por igual lo que fuera que hiciese o a donde quiera que fuese, siempre la acompañaban aquellos severos críticos que hacían que su vida fuera insoportable.

En ocasiones, se habla de maltrato y al oír esa palabra casi de forma automática se piensa en algo físico, olvidándose de su otro amigo violento, «el temible silencioso». Aquel que no deja marcas en la piel, pero deja marcas de por vida. «El silencioso» acudía a Yara para atiborrarse de sus penas, llenándose de una gratitud desbordante que no parecía nunca terminar de complacerle. Aquel traumático frenesí envuelto en delirios de grandeza estremecía. «El silencioso» no tenía deseos de verla prosperar, sin remordimiento alguno, tan sólo deseaba ver cómo se convertía en una flor marchita que jamás lograse florecer.

Llorar se había convertido en norma. Los frescos regueros de lágrimas brotaban continuamente mientras Miren, sin recibir tratamiento, recaía constantemente en desbordantes delirios enmascarados en lucidez. Todos habían llegado a un sombrío punto de inflexión en su tortuosa trayectoria.

La acumulación de dolor había alcanzado un umbral cuestionable mientras trataban de encontrar la voluntad de resistir. Cada uno a su manera. Tano, su padre, también conocido como "el waipiro", decidió volcarse de lleno en lisonjear aquel tetrabrik de vino que tenía como socio confederado que participaba activamente en sus trastornos de conducta. Miren, comenzó a vivir postrada en una cama sumida en depresión, levantándose únicamente para hacer la comida que serviría por las noches a su marido.

Yara, sentía no tener trascendencia en el mundo, donde sus esfuerzos no tenían ningún efecto, por lo que se convirtió en una niña frustrada, atrapada y sin salida, donde únicamente tenía opción para el apalancamiento. Yara era una «sin sustancia» que había desatado una inyección de culpabilidad e impotencia bajo aquellas miradas profundamente perturbadas y aquellas vejaciones sin fin. Se sentía más agotada que nunca mientras lograba hacer malabarismos a diario para poder cumplir con sus obligaciones y estudiar. En la coyuntura en la que había llegado, la muerte por causas naturales o vejez sonaban como ganar la lotería.

A los trece años, Yara era poseedora de un tesoro de ausencias, un muestrario de páginas en blanco. Páginas flotantes sobre una atmósfera de lejanos días pretéritos. Se había convertido en un ser completamente distinto, cargando la oscura vida que se extendía. Ella ya no coexistía con la gran variedad de tonalidades de colores que dispone la propia vida. Todo era blanco o negro, y ella vivía oprimida en el sofocante color negro. Sus líneas de vida y puntos de anclaje tan sólo balbuceaban con un agotamiento en su tono de voz, suplicando que le fuera tirada una cuerda que la socorriese.

La incertidumbre y la sensación de no entender lo que sucedía le arrebataban cualquier percepción de control o capacidad de respuesta. Era incapaz de concentrarse, sus pensamientos no avanzaban. Vivía paralizada. Todo le fatigaba y en todas partes veía aspectos negativos o dificultades. Se asentó en una desilusión seguida de otra, en un mundo donde la vida carecía de sentido y su propia vida era un sobrante en él.

Yara se había descarrilado. Era un espectro de rostro albo. Una incomprendida. Se sentía diferente. Era diferente a la mayoría. El pavor que le mordía el vientre había creado un nudo en su garganta que creció hasta que sus fuerzas se esfumaron y se vio impedida para articular palabra. Yara llevaba un año prácticamente sin hablar. Siempre mirando al suelo con la cabeza gacha. Había quienes decían que miraba mal para entrar en conflicto. Ella no deseaba tener más problemas de los que ya tenía, aunque muchos se aprovecharon de su debilidad. Vejaciones en el instituto, vejaciones en casa. Conseguía dormir de agotamiento mientras lloraba con deseos de no volver a despertarse nunca. Cada día era un suplicio y cada día era machacada.

En aquella oscura temporada, alguien dio la voz de alarma y decidieron enviarla a una sala de mediación en el propio instituto. La sacaban de clase sin previo aviso y era conducida a una sala donde le acribillaban a preguntas, centrándose en temas como los estudios o su falta de asistencia. Querían tener un control, ya que sus notas habían caído en picado. Deseaban saber el porqué de sus comportamientos, su negativa a atender en las clases, hacer exámenes, articular palabra o socializar.

En un inicio le agobiaba la manera en la que los mediadores trazaron estrategias y manejaban los hilos, pero con el tiempo logró hablar y expresarse entre las paredes de aquella sala. Incesantes preguntas qué responder para llevar tanto tiempo sumida en la oscuridad. Yara podía sentir la compilación reprimida de emociones volátiles, por lo que, cada vez que salía de allí, necesitaba un tiempo para recomponerse entre llantos, encerrada en los baños, antes de volver a las clases. Ella deseaba hablar con franqueza de cómo se sentía, pero se veía incapaz de hacerlo.

Los daños infligidos en la psique y en su alma habían dejado abierta una puerta hacia la manipulación. Había crecido rodeada de personas llenas de malicia que la menospreciaban, llevándola a una profunda convicción de que ella jamás había sido la víctima de nada. "Eres mala". "Mereces morir". "Irás al infierno". "Niña ingrata". "Llevas el demonio dentro". "Zorra". "Asquerosa"... Aquello era todo cuanto conocía y el hecho de que existieran personas, en este caso mediadores, que estaban tratando de hacerle comprender que eso no era así, le desgarraba el alma.

Una lluvia de vergüenza y dolor invadía su cuerpo cada vez que regresaba a su casa, tomando conciencia de que no llevaba una vida normal. Cada día lograba percatarse de la insólita dificultad a la que se enfrentaba. No podía evitar estremecerse.

Fueron aquellos mediadores los que supieron ver el trasfondo y hacer las preguntas correctas. En un momento de soltura donde parecía que la conversación lograba fluir, uno de los mediadores quiso sincerarse:

—Yara, estás muy delgada. Deberías comer más.

Ella asintió dócilmente con la cabeza. Era habitual oírlo decir en todos aquellos que se le acercaban.

—Yara, ¿estás comiendo bien? Te veo muy delgada —insistió.

Ella asintió de nuevo con la cabeza. El mediador se tomó un tiempo y prosiguió intrigante:

—Oye, ¿cuál es tu plato favorito?

Encogió los brazos, dubitativa, hasta que finalmente respondió mansa pero convencida:

—Huevos con patatas fritas.

Los mediadores se rieron a la vez de extrañados.

—¿Huevos con patatas fritas? ¿Sólo eso? Venga, seguro que tienes algún otro plato que te guste más. Yo tengo varios. Me encantan los calamares rellenos de gambas con un sofrito de cebolla. ¿Los has probado alguna vez?

Ella negó con la cabeza.

—Los tallarines a la carbonara también están deliciosos. Seguramente este plato lo hayas comido alguna vez.

Ella negó nuevamente cabizbaja, mirando a un punto fijo. Extrañados por su reacción y respuesta, continuaron preguntando por platos cotidianos que jamás había probado hasta que finalmente...

—Yara, cuando ya hayas llegado a tu casa tras finalizar las clases, ¿qué plato crees que vas a tener esperándote?

—Ninguno—respondió.

—Llevas muchas horas aquí, cuando llegues tendrás que comer algo para reponer energía. ¿Cómo que ninguno? ¿No comes nada? —le preguntaban desconcertados y perplejos ante la negativa de una sobrecogida Yara mientras continuaban indagando—. Tu madre no trabaja. ¿No te prepara nada? Entonces, cuando llegas, para que lo entendamos, ¿qué es lo que haces?

—Cuando llego a casa, le preparo un café a mi madre y se lo llevo a la cama.

Los mediadores abrieron los ojos como búhos, completamente estupefactos. Ellos, que hasta el momento habían pensado que se trataba de algún tipo de desorden alimenticio o que simplemente estaban comiendo poco por voluntad propia para verse mejor, por cosas de la edad, no terminaban de dar crédito al asunto. Una de las mediadoras presentes decidió preguntarle si se preparaba algo para comer ella en el momento en que preparaba café para su madre.

—No puedo, no me deja. Y aunque pudiese tampoco sé —respondió con los ojos vidriosos y brillantes.

—Pero entonces, ¿cuándo comes?

Aquella pregunta fue el detonante. Su amargo vínculo con su familia quedaría expuesto en aquel preciso instante, entre aquel tira y afloja de preguntas y respuestas como sacacorchos que trata de descorchar palabras.

Con el corazón oprimido, Yara explicó cómo era un día a día, siendo la cena la única comida diaria llevada a cabo, en la cual no se reunían para comer en familia sino por separado, siendo su padre el comensal prioritario como el señor de la casa, por lo que ella exclusivamente ingería las sobras que quedaban y donde los excedentes no eran abundantes o incluso en ocasiones, inexistentes.

Yara expuso a su familia en aquella declaración. Describió cómo era convivir junto a ellos en aquella cocina, donde se reunían su madre de características obsesivas y episodios psicóticos y su padre consumido por el alcohol, para dedicarle un tiempo excesivo en abusar de su persona. Las humillaciones y ofensas revelaron las insidiosas marcas ocultas. Marcas del narcisismo que se mezclaba con los perversos encaprichamientos de sus padres para engendrar abominables momentos de felicidad.

Ellos disfrutaban vociferando una mezcla de incoherencias, acusándola de golfa o vaga entre reproches y venganzas. La lluvia de gritos era como un incesante mosquito molesto tratando de consumir a su presa. Eran la encarnación de la ira, regocijándose mientras consumían su vitalidad y energía.

La mente y el cuerpo de Yara estaban demasiado dañados, incluso para conjurar la fuerza necesaria en no venirse abajo. Era una blandengue que ya no albergaba el mínimo de energía para mantenerse en pie. Solía marearse y caerse al suelo. Pesaba menos de treinta y cinco kilogramos. Vestía con ropas andrajosas y tenía una tez cetrina debido a la desnutrición. Las uñas y el pelo se le caían. La debilidad le consumía.

Dejó escapar una profunda bocanada de aire antes de continuar, sintiendo la mayor de las vergüenzas mostrando sus partes rotas, siendo quien hasta aquel momento fingía estar entera. Inspiró y expiró varias veces mientras los gritos de agonía en erupción de su esófago se calmaban.

Yara les manifestó que el café se lo llevaba diariamente al regresar para demostrar que no era una inútil, aunque, en ocasiones, conseguía molestar a su madre con el repugnante amargo sabor de éste. Comentó que, a pesar de hacerlo lo mejor que sabía, su madre solía escupirle a la cara o tirarle el café por encima, encerrándola en la habitación sin que pudiera siquiera limpiarse.

El fino velo de humanidad se vaporizaba junto a las ganas de continuar exhalando el aire que respiraba. El sonido de sus gruñidos coléricos y los dientes amarillos de Miren rechinando entre sí, con la baba translúcida de aquella rabia morbosa, le crepitaba en sus tímpanos.

Una horrible idea se aceleró en los torrentes de sangre hacia su corazón hasta el punto que le hacía temblar el sonido de su propia voz. Apenas podía expresar la profunda e imborrable impresión que le causaba la convivencia con Tano y Miren.

Todos sufrían la siniestra crueldad de las enfermedades. Daba por igual como se llamasen o quién de los tres las tenían diagnosticada. Era ese trío familiar quienes padecían el ardor de la desesperación más enloquecida. Daba por igual cómo se llamasen. Depresión, alcoholismo o esquizofrenia. Todos lo padecían. Todos sufrían las consecuencias de las enfermedades sin tratar. Era como una especie de calle de un solo sentido hacia el abismo.

Yara estaba agotada hasta más no poder. Su largo sufrimiento había aniquilado casi por completo las ordinarias facultades de su espíritu. Había fracasado en sus insensatos y tenaces esfuerzos por recoger algún vestigio de aquel profundo estado vacío. Sufría como la que más, en su corta y temprana vida, donde sin buscarlo ni quererlo debía soportar una pesada carga que no le correspondía.

Miren sufría la enfermedad más estigmatizada. Aquella invisible tan visible y viceversa. El pináculo de un impulso hacia el más riguroso desprecio por el dolor humano, vanagloriándose de su actitud torturante y destructora.

Era el chillido de un alma condenada que crea una atmósfera intolerablemente pesada. Era la invasión de un espantoso vértigo a la simple idea de vivir la vida. Era robadora de energía. Tan sofocante y tan intensa, que lograba hacer que todos vieran el infinito en descenso, donde la idea de la muerte era un alivio.

Aquel testimonio tenía perplejos a los mediadores. Mientras, Yara continuó confesando las carencias no mitigadas y los motivos de su aislamiento. Además, reveló cómo su madre había dejado la casa prácticamente sin enseres debido a la ludopatía. Se había llevado todo cuanto había: ropa, libros, muebles, ahorros, todo.

Muchos de sus compañeros le contaban cómo solían ver a su madre vendiendo los enseres en los mercadillos, sin licencia, reconociendo incluso muchas de sus pertenencias personales.

Reveló también cómo había logrado engañar a Tano, de visión reducida y degenerativa, para firmar numerosos préstamos bancarios con el fin de satisfacer su enfermedad.

Le producía un desgarro sentimental pensar en ellos.

Los mediadores no dudaron en brindarle apoyo y comenzaron a barajar opciones. Personas a las que poder recurrir, otros familiares... pero no existía ninguna posibilidad. Tras unos momentos discurriendo, hicieron una llamada citando a alguien.

Con el tic-tac del reloj resonando en la sala, cada segundo se convertía en una eternidad mientras Yara aguardaba con el corazón en un puño. El silencio se volvía casi tangible, cargado de expectación y misterio. Y entonces, el sonido del pomo de la puerta girando rompió la quietud, anunciando la entrada de alguien que parecía traer consigo el peso de un pasado desconcertante. Era él, sin lugar a dudas. Era el señor Karnayna.

¿Cómo podía ese hombre estar ahí? —se preguntaba—. ¿Acaso la experiencia que quiso olvidar había sido real?

Aquellos mediadores habían puesto en situación al señor Karnayna después de que se sincerara con ellos. Líndel Karnayna entró por la puerta como si se tratase de un mediador más de instituto. Yara estaba atónita. No acababa de comprender por qué aquel hombre, ser o lo que fuera, había aparecido.

Líndel Karnayna entró en la sala con la serenidad de quien conoce sus propios secretos, pero para Yara, su presencia era un enigma sin resolver. Aquel señor oscuro parecía sosegado y transmitía cierta tranquilidad. Tras saludarse, los tres se sentaron frente a ella. Sus ojos oscuros parecían contener la clave de un enigma milenario, y su semblante imperturbable sólo agregaba más intriga al misterio que envolvía aquella reunión. Sentados frente a ella, los tres parecían estar a punto de desvelar un secreto que cambiaría para siempre el curso de su destino.

—Yara, si hubiese otro lugar al que ir, aunque no fuese la mejor opción que quisiéramos para ti, ¿la meditarías? —le preguntaron.

La mediadora se preparó para desvelar la verdad que había estado oculta en las sombras durante tanto tiempo. Respiró hondo, sintiendo el peso de la revelación que estaba a punto de hacer. Yara, con los ojos abiertos de par en par, esperaba con el corazón latiendo con fuerza, sin saber qué esperar.

La mediadora, por fin, con un gesto solemne, se dispuso a revelarle que realmente era una de las muchas sibilas repartidas por el mundo. Las profetisas visionarias contratadas por el mismísimo reino, el reino de Tartaria, que se dedicaban a encontrar seres mágicos con forma mundana.

Las sibilas eran capaces de clarificar el difuminado aura heka que algunos poseían. Eran buscadoras de seres mágicos capaces de desentrañar el aura heka que envolvía a algunos individuos. La mediadora quiso demostrarlo. Levantó su mano y apuntó con su dedo índice hacia Yara.

Un escalofrío recorrió la espalda de Yara mientras el peso de la revelación se asentaba sobre sus hombros, abriendo las puertas hacia un mundo de magia y misterio del que nunca había sido consciente.

Al hacerlo, una luz ofusa surgió de su pecho y de ella brotaron las raíces de un Taxus baccata, el poderoso tejo milenario de los antiguos meigas, capaces de conectar con el más allá y liberar una insólita y descomunal energía. Era un milagro divino llamado magia...

Aquella luz se disipó hasta desaparecer tras bajar la mano. Le explicó, además, que existían residencias de protección de menores para aquellos seres mágicos que provenían de familias desestructuradas y familias alejadas durante generaciones de su linaje.

En su caso, la mejor opción para aprender y descubrirse a sí misma sería la Ínsola Firme, ubicada en Puckley Baciu; allí, además de aprender, podría comer ávidamente a diario, teniendo las necesidades más básicas cubiertas, como cualquier preadolescente en desarrollo.

Dicha residencia era un lugar al otro lado del velo, donde se reunían a los vestigios más mágicos que se hallaban distribuidos por todo el mundo con el fin de evitar que dichos seres sobrenaturales terminaran con sus linajes e incluso acabasen por descontrolarse. Allí, lograrían aprender a controlar sus capacidades y generar un futuro en el que poder formar parte de la sociedad.

El señor Karnayna, fue descubierto como uno de los instructores del Ínsola firme y el líder del clan Ghilan, los ghoul de hambre insaciable que residen en la torre de Tumma. Él, quiso disculparse por haber tratado de calmar su sed de sangre con ella y sin tratar de persuadir, le reformuló de nuevo la pregunta.

—¿Barajarías la opción de tu ingreso en la residencia del Ínsola Firme para empezar de cero?

Yara se encontraba frente a la encrucijada más importante de su existencia. Por primera vez, tenía en sus manos el poder de decidir su destino, de trazar el rumbo de su vida con sus propias manos. Las posibilidades se extendían ante ella como un vasto horizonte lleno de promesas y peligros, y sabía que la elección que hiciera determinaría el curso de su destino.

Cada latido resonaba en sus oídos como un eco de incertidumbre y emoción. Sentía el peso de la responsabilidad sobre sus hombros, pero también la libertad de elegir su propio camino. Era un momento crucial, un punto de inflexión en su historia.

Por primera vez, Yara tenía ante ella la opción de tomar su propia decisión y, además, la decisión más importante de su vida. La elección que podría cambiarlo todo.

CAPÍTULO 4

"Bendita sea mi existencia intangible, dejándola existir en un mundo que, aun siendo gris y triste, lo ve puro y libre. Busco un camino que me lleve a un sendero a ciegas, como un ciego obstinado que no ve, tropezando entre las piedras, haciendo cada paso un trazado peligroso que no hacer, que nadie querría hacer. Un camino errante, lleno de obstáculos de los que aprender, desde cero, como un ciego camino maestro que enseña al ser, ser. Busco un camino donde no extrañar la vida inteligente, pues aun estando rodeada de gente, apenas hay con quien poder compartir las cosas que realmente significan para uno, y entonces uno aprende a contenerse".

El señor Karnayna no quiso ponérselo fácil. Los pros ya se los habían comunicado. Una salida, un futuro desconcertante y abandonar aquella situación de maltrato y abandono. Los contras fueron enumerados por él.

No le podían asegurar que su destino fuera el Ínsola Firme, puesto que la decisión final era del propio reino. No le aseguraban una convivencia diáfana con el resto de compañeros, puesto que toda clase de personas eran enviadas a distintas residencias, de lo que llamaban primera acogida.

Muchos de los residentes no lograrían dominarse y acabarían perdiéndose. Otros, como en el caso de ella, que habían perdido su taumaturgia con el paso de las generaciones, nunca terminarían de florecer o incluso terminarían por enfermarse. Además, debía saber que dependiendo del comportamiento eran enviados a distintas residencias.

El señor Karnayna fue tajante al dejarle claro que, de aceptar, tendría un arduo trabajo por delante.

Yara hizo acopio de valentía aferrándose al primer pensamiento que se cruzó por su mente y, aunque sentía cierta incredulidad ante ese novedoso concepto llamado magia, aceptó sin pensarlo. No disponía del lujo de tomarse un tiempo para deliberar sobre la situación; como tampoco disponía de más familia a la que acudir y nadie más se haría cargo de ella. Yara era realista; tenía una corazonada. Era la única opción para poder sobrevivir. Sin tiempo para sopesar los pros y contras, tomó una decisión desesperadamente inmediata y la que creyó ser su única salvación.

Karnayna fue el encargado de notificar a su familia que habían iniciado el proceso en el cual perderían la tutela de su hija con motivo de —y leyó en la carta oficial que estaba siendo entregada— "abandono y desamparo". En el momento de la entrega, Tano no se encontraba presente, por lo que únicamente fue notificada su madre.

A Miren no pareció importarle, pero cuando Karnayna no estuvo presente, aprovechó para propinarle una bofetada. Cuando su padre llegó, Miren quiso ocultar la verdad, común en ella, explicando que Yara se iría a un colegio de estudiantes, interna, para intelectuales. Yara, bajo coacción y amenazas, se vio obligada a corroborar su versión. Daba por igual lo que dijera, ya no obedecería más las perversas y gusanosas palabras que habían penetrado en ella durante largo tiempo.

Con un nudo en la garganta y el corazón lleno de amargura, los miraba con una mezcla de rabia e impotencia, preguntándose cómo era posible ser descendiente no sólo de ellos, sino de seres mágicos. La idea la llenaba de confusión y desesperación, haciendo que se cuestionara su propia identidad y su lugar en el mundo.

Con las manos temblorosas, Yara apenas logró hacer una diminuta y escasa maleta, sintiendo el peso abrumador de la soledad y el rechazo que la rodeaban. Tras ello, ninguno le deseó suerte "con sus estudios".

La falta de apoyo y afecto por parte de aquellos que deberían haber sido su red de seguridad la dejó sintiéndose más sola que nunca, enfrentándose al futuro con un corazón herido.

Sí pudo ver cómo su madre, exaltada por la rapidez del momento, la mudanza, la desubicación que llevaba y su ansia de ubicuidad, se entristeció hasta terminar por derrumbarse. Puede que, en lo más profundo de su corazón, supiera que era lo mejor. Su padre permaneció sentado frente a la televisión, estático, sin siquiera despedirse. Miren, en cambio, quiso abrazar a su hija para, entre lágrimas, separarse con lo que parecía ser un último adiós. Sin duda, aquella devastadora enfermedad la había tenido absorta todo el tiempo, donde ese mismo tiempo fue pasando en un instante sin que su «yo» interior pudiera hacer nada por evitarlo.

Vivía sumida en su propio mundo paralelo mientras la división del tiempo era el resultado de observaciones astronómicas. Había perdido la oportunidad de ser madre.

No madre como el concepto de persona que concibe y da a luz. Ya era madre de cuatro hijos, por lo que no se trataba de eso. Ni siquiera como la posible definición de una buena madre. Aquella madre como mujer única, luchadora, cariñosa, entregada, fuerte, que se desvela y sacrifica por sus hijos. No, ni siquiera eso. Tan sólo madre. Una madre respetuosa, con un mínimo de afecto. Miren, había perdido esa oportunidad. La oportunidad de ser madre. La oportunidad de conocer a su propia hija.

En ese momento de desplome, Miren pudo percatarse de todo ello, cuando tristemente ya no fue posible dar marcha atrás. Yara pensaba, a pesar de todo el resentimiento que sentía, en que ojalá su madre apareciera algún día, aunque fuera enfadada, para decirle que la echaba de menos, pero eso jamás sucedería y se había hartado de esperar por ello. ¿Cuánto orgullo había que asesinar para que pudiera escupir un sucio "te echo de menos"?

El peso de la distancia entre ellas era insoportable, una carga que había aplastado su corazón cada vez más y más con el paso del tiempo. La amargura de sus palabras no pronunciadas y los silencios cargados de dolor pesaban sobre sus hombros, erosionando cualquier posibilidad de reconciliación.

Era triste no ser conscientes de lo pronto que se hacía demasiado tarde. Era triste saber que a veces, decepcionarse a tiempo podría salvarle de algo peor.

En cuanto a su padre, ¿qué poder decir de él? Él era una sombra difusa, un vacío y una presencia ausente. Era la errónea ilusión de las ideas infundadas por su madre en su niñez, idealizándolo por completo. Tan solo un eco distante de lo que debería haber sido un padre, perdido en el laberinto de sus propias miserias y debilidades. Tan sólo un machista enfermo sin atisbo de interés, cuya única contribución había sido la de sembrar el óvulo de su mujer y a la vez, un pobre desgraciado con una infancia dolorosa de la que no había sido capaz de aprender.

Finalmente, el reino había aceptado la petición de que Mayara Krammer, de catorce años de edad, fuese enviada al Ínsola Firme como primera acogida. Mientras absorbía la noticia, sintió una mezcla de emociones que iban desde la ansiedad hasta la esperanza.

Aquel lugar, misterioso y desconocido, se extendía a poco más de una hora de distancia. Para ella, era como si estuviera a punto de embarcarse en una especie de aventura obligatoria, llena de peligros y posibilidades desconocidas. El destino estaba llamando a su puerta, y ella estaba lista para enfrentarse a lo que sea que le aguardara en aquel lugar enigmático.

Catorce años. Hogar número veintiuno. El majestuoso paraje de color negro azabache, inmerso en un aura de misterio y antigüedad, se alzaba imponente ante la mirada curiosa de los residentes. Un sendero empedrado conducía a través de un jardín exuberante, donde exóticas plantas y flores añadían un toque de encanto salvaje al paisaje. Una brisa susurrante agitaba los pulcros setos, llevando consigo el aroma dulce y fresco del jazmín.

Tras franquear la plateada puerta principal, se desvelaba un mundo de esplendor y opulencia. Un amplio vestíbulo de mármol, pulido hasta reflejar la luz con un brillo celestial, se extendía majestuoso ante los ojos de cualquiera. Las lámparas de bronce, suspendidas del alto techo, arrojaban destellos dorados que bailaban sobre las paredes decoradas con relieves y molduras elaboradas.

El aire resonaba con un susurro de grandeza, como si las paredes mismas estuvieran impregnadas de la historia que atesoraban. En cada rincón, enormes cuadros de influyentes magos renacentistas contemplaban con ojos eternos el devenir del tiempo, testigos silenciosos de épocas pasadas y secretos ancestrales. Era un espacio único y exótico cargado de historia sin dejar nada al azar.

El señor Karnayna, que la acompañaba en todo momento, era tan corpulento que separaba fácilmente la muchedumbre, aunque cortésmente le abrían paso. Él, con su imponente presencia, se abría paso entre la multitud como un coloso entre las sombras, su figura robusta y poderosa cortaba el aire con determinación mientras la gente, con respeto y reverencia, se apartaba para dejarlo pasar. Cada paso que daba resonaba con un eco de autoridad, marcando su camino a través del bullicio de la muchedumbre con una fuerza que irradiaba confianza y seguridad.

—Buenas tardes, señor Karnayna —le saludaban mientras caminaban cruzándose a su paso, tratando de indagar disimuladamente quién era la nueva residente.

A pesar de que le habían indicado cómo la magia estaba impregnada en cada rincón del mundo, incluso en el aire que respiraban, envolviendo su entorno en un velo de misterio y poder, Yara no podía evitar sentir una ligera decepción. A su alrededor, todo parecía mundano y común, desprovisto de la maravilla y el encanto que tal vez esperaba encontrar. Todos aquellos a los que la vista de Yara alcanzaba a ver parecían tener una forma humana, ocultando sus verdaderas naturalezas detrás de una apariencia ordinaria.

Este fenómeno desconcertante no escapó al agudo ojo de Yara, cuya mente inquisitiva comenzó a tejer el misterio que se escondía tras aquella aparente normalidad. ¿Qué secretos aguardaban en los corazones de aquellos jóvenes que transitaban por las calles como simples mortales? ¿Acaso la magia se manifestaba de formas más sutiles y esquivas, oculta a los ojos de los no iniciados pero palpable en los hilos del destino que los unían?

Este hecho desconcertante no pasó desapercibido para Karnayna, cuya curiosidad ardía con la intensidad de mil soles. Con un gesto enigmático, quiso sacar a Yara de sus dudas, revelándole que, aunque la magia podía no manifestarse en formas espectaculares a simple vista, sus efectos y presencia se entrelazaban en los hilos invisibles del destino.

—Todos poseen una forma mundana la mayor parte del tiempo; no obstante, no te dejes engañar. Muchos de ellos, ni siquiera son humanos; únicamente toman esa forma para poder pertenecer a la sociedad. Si lograses ver su aura heka a través de ellos, estoy seguro de que te parecerían terroríficos. Aquí hallarás las fuerzas más poderosas e invisibles. La magia, pequeña Yara, proviene del maná del mundo a través de la energía del cuerpo, lo que provee un intercambio entre el mundo y el cuerpo para generar el sistema mágico del mundo.

»Muchos, como puedes ver, portan un báculo consigo. Eso potencia su maná para conjurar hechizos. Otros, como yo, portamos tesoros como los anillos mágicos; aunque también hay otra serie de seres sobrenaturales que, si te concentras mucho, serás capaz de ver que están acompañados de familiares. Excelentes súbditos protectores que además pueden ceder su poder a través del vínculo alquímico sagrado. Estos únicamente se encuentran en el bosque prohibido de Puckey Baciu y viven de forma salvaje, por lo que son agresivos y excesivamente complicados de controlar. Además, éstos seres rara vez son avistados y convertir un ser mágico en un familiar es un proceso muy delicado.

Yara no lograba discernir nada más allá de la aparente normalidad de aquellos jóvenes que caminaban de un lado a otro. No había báculos relucientes ni criaturas mágicas danzando entre ellos; ni siquiera destellos de magia palpable en el aire. Sin embargo, lo que más le llamaba la atención era la extraordinaria diversidad de etnias y edades entre ellos: una amalgama de culturas y razas que parecían provenir de rincones remotos y exóticos, más allá incluso de los límites del reino de Tartaria.

Ambos caminaron por los laberínticos pasillos del Ínsola Firme subiendo y bajando escaleras mientras Yara se iba percatando de ciertos detalles únicos del lugar, como del hecho de que para que una puerta pudiera ser abierta otra debía cerrarse obligatoriamente primero.

—Son días negros —le dijo el señor Karnayna—. Si te confías demasiado, cosas terribles pueden suceder. Aunque pueda ser desconcertante, es por seguridad. Todas las puertas deben ser cerradas con llave por los más habilidosos, como yo, de alto rango, que dependiendo de su fuerza y estatus, además de instructores de magia, ejercemos de educadores y cuidadores ante el reino de Tartaria.

Una puerta más fue abierta para poder conocer a los tres integrantes que se hallaban dentro de ella. A la izquierda la señora Blavatsky, cuyo rimbombante nombre era perfecto para tan insuperable experta en la magia de apoyo, la magia de curación y del mismísimo ocultismo.

De la bata blanca que aquel trío portaba como atuendo diferencial, sacó un pañuelo con puntilla y se lo pasó por los ojos, detrás de las gafas, mientras se presentaba. A la derecha otro de los instructores, Camazotz el vampiro, cuyo poder era tal, que su mera presencia podría provocar la muerte de cualquiera. Camazotz era conocido por su experiencia con las artes oscuras y la magia ofensiva. Además, era el creador del clan de los Caitiff, cuyos integrantes solían ser neonatos recién creados. En el centro, Legba, que además de vestir una bata blanca, portaba una solemne túnica bordada y lucía una barba prodigiosa. Legba era el protector del mundo espiritual y director de la residencia.

La sala estaba repleta de trofeos de batalla, raíces secas, polvos brillantes, hierbas y líquidos de colores vibrantes que llenaban las paredes, además de los manojos de plumas, garras colgantes e hileras repletas de colmillos. Tras una leve aunque intensa presentación, quisieron presentarle a una cuarta educadora sobrenatural, Hildora Danforth, una volva del clan Volur de sombrero puntiagudo y experta en la magia adivinatoria. Su don se centraba en las adivinaciones y la manipulación de mortales y espíritus, así como la ocupación en la designación de las habitaciones para los recién llegados. Era el oráculo más poderoso del Ínsola Firme.

—¡Mi mente es la llave que me libera! —le instó a repetir a Yara, una vez estuvieron sentadas, en reiteradas ocasiones, mientras sus manos se concentraban en su diminuta cabeza.

—Mi mente es la llave que me libera. Mi mente es la llave que me libera. Mi mente es la llave que me libera —gritaba incapaz de comprender esa fuente de control.

Un viento aullador acompañaba un aguacero junto a los truenos que resonaban espantosos con el eco de las mil voces, hasta que un ensordecedor y retumbante relámpago de luz rojiza se descargó en el Ínsola Firme resplandeciendo toda la zona.

—Niña —le dijo con una voz inquietante—. Con razón tu aura heka, la fuente de todo poder, está prácticamente ausente y sin fuerza. No me extraña que el señor Karnayna tardara tanto en decantarse por traerte. Pero... ha hecho bien. ¡La he visto! —exclamó ante todos mientras se miraban intrigantes de reojo unos con otros—. No hay duda de que eres descendiente directa de la antigua y más poderosa de los meigas. ¡Oh! ¡Cuántos siglos sin descubrir tal prodigioso don! Ojalá puedas lograr desenterrar una ínfima parte del poder que dominó tu antepasada. Mmm, qué trágico final el de ella... —se quedó callada y dubitativa y tras unos confusos y dudosos momentos terminó por decir—. Llevas su sangre, sí, de eso no hay duda y si la sangre de Akila Puyé corre por tus venas definitivamente deberás ir a la habitación catorce-cero-ocho. Compartirás dormitorio con la tríada muthi.

En aquel momento, sintió una brisa de aire circundante y turbulenta acercarse a ella entre leves murmullos que resonaban de él. En sus venas había penetrado alguna especie de fuego antiguo que ahora corría tumultuosamente por su sangre. Se dio la vuelta con cierto nerviosismo mientras comenzaba a evaluar el entorno irreal en el que se encontraba.

Mientras la misteriosa brisa se acercaba y los murmullos se hacían más tenues, se puso en pie abruptamente hasta que el aire logró alcanzarla, antes siquiera de que sus pies se enderezaran por completo, golpeando su cabeza. Sus nalgas se estrellaron con fuerza contra el fornido suelo mientras su cabeza rebotó contra la mesa. Su cerebro protestó con un dolor punzante y un zumbante pitido repentino de sus tímpanos. Todo se quedó en blanco por un instante. Cualquier voluntad que pudiera convocar era tan etérea como una niebla fugaz.

En aquel momento, Yara encontró algo en su interior difícil de controlar e introspectar. Sintió algo parecido a su sangre concentrándose en su pecho, como si algo brotara de él y por fin pudo comenzar a ver. El velo entre los dos mundos había desaparecido y su aura heka cobraba cierta fuerza al fin.

Yara ya no podía ser considerada mundana. Era como si se hubiera puesto unas lentes correctoras y por fin pudiera ver el mundo real que hay tras el daltonismo. Por desgracia, era aterrador. Ninguno de los cinco presentes tenía forma humana y el más horripilante sin duda era el mismísimo Karnayna con su forma real de ghoul.

El impacto visual, por su propio exceso de horror, la dejó petrificada al ver la forma de aquel ghoul con un cuerpo enorme, blanquecino, sin pelo y semicuadrúpedo. Sus dientes eran caninos en un rostro medio humano y las uñas eran largas como las de una hiena.

Se llevó las manos a la cabeza mientras gritaba un sin fin de onomatopeyas sin sentido, poniendo muecas expresando cierto nivel de asco y horror, recordando vagamente sus dientes clavados en su cuello y a seres similares en su paso por la torre de Tumma cuando apenas tenía seis años.

Además, al fin pudo ver a los familiares a los que se refería. El señor Karnayna, iba acompañado de un shinigami, un dios de la muerte con apariencia de híbrido cuya labor era la de mantener un equilibrio entre los vivos y los muertos. Camazotz iba acompañado por una gárgola, una feroz criatura con alas de murciélago con aspecto siniestro. Hildora Danforth dejaba entrever un tímido tanuki, una adorable criatura con aspecto de mapache. A la señora Blavatsky la acompañaba una naga, una serpiente con rostro de mujer, y al señor Legba, le acompañaba un lamassu, un poderoso toro alado destinado a proteger el centro y valiosos objetos sagrados.

La magia era un hecho. Ya no se trataba de una reliquia o religión clandestina cuya dimensión, e incluso existencia, discutían con vehemencia los antropólogos, ni tampoco de una afición extravagante de un puñado de tipos raros. Era algo activo y evidente, practicado desde la infinitud de la memoria de todo ser, por un considerable número de personas jerárquicamente organizadas, perpetuando su saber por toda la eternidad e incrementando adeptos constantemente, con cada ciclo de la vida.

Aunque para muchos la magia seguía siendo un enigma envuelto en misterio, para aquellos iniciados, era una realidad innegable, una fuerza omnipresente que fluía a través de los hilos del destino y se manifestaba en los acontecimientos más cotidianos. Los secretos de la magia se transmitían de generación en generación, y también en lugar como el Ínsola, ocultos en los recovecos de la historia y en las tradiciones más antiguas, esperando ser descubiertos por aquellos lo suficientemente valientes como para adentrarse en su oscura y fascinante profundidad.

En aquel momento se sintió sumida en una terrible autofobia, queriendo huir de aquel terror que le provocaba estar dentro de las cuatro paredes de su nuevo hogar, donde, como parte natural del ser humano, se encontraba inmersa en el miedo.

Miedo por lo irracional, por la incontrolable situación que abarcan varios factores que van en contra de toda lógica. Miedo, por verse condicionada por lo convencional y no saber reaccionar ante situaciones de índole parapsicológica. Miedo, a enfrentarse a las vivencias oníricas y aferrarse en que las experiencias vividas debían tener explicación, esperando que la explicación fuera meramente científica. Miedo, inducido por la falta de información al respecto y miedo a la posibilidad de que las historias de supersticiones fueran reales, tan real como lo que sentía ella dentro de aquella sala y que estaba viendo, donde había experimentado en sus propias carnes, el miedo por el convencimiento de que todo podría ser causado por delirios.

Yara se aferraba a su cordura con desesperación, sintiendo el peso de la incertidumbre sobre sus hombros mientras su mente se debatía entre la realidad y la ilusión. ¿Acaso heredaba el mismo mal que había consumido a su madre, torciendo su percepción de la realidad hasta el punto de crear figuras fantasmales en su mente?

Los seres que la rodeaban, con su aura mística y desconcertante, parecían surgir de las profundidades de su propia psique, manifestaciones de una psicosis latente que la atormentaba. Tal vez esos seres fueran visiones productos de una reciente experimentada psicosis. Murmullos psicodélicos; seres sobrenaturales...

Cada susurro y cada sombra cobraban vida propia en su mente, alimentando sus temores y alimentando la espiral de dudas que amenazaba con consumirla. Se sentía atrapada en un laberinto de ilusiones y pesadillas, luchando por encontrar una salida mientras la magia tejía su tela oscura a su alrededor, envolviéndola en un velo de misterio y desasosiego. Se sentía exasperada con cierta inquietud y claramente conmocionada, cuestionando su capacidad de raciocinio.

Para comprobar si aquello no era producto de su imaginación, se dio un manotazo en la sien y procedió a morderse un dedo. Todos se rieron.

—No te preocupes, es normal que desconfíes, pero acabarás por acostumbrarte —dijeron.

—Los ascendentes sobrenaturales pueden tratar de comunicarse con sus descendientes durante siglos y generaciones. Desgraciadamente, es un hecho que puede derivar en diversas enfermedades mentales para los que no pertenecen a este mundo —explicaron con seriedad—. Por suerte, tú ya no perteneces únicamente al mundo mundano y podrás despertar ese origen mágico equivalente al de Akila Puyé, siendo capaz de dominarlo sin volverte loca.

En un instante de claridad, Yara vislumbró la posibilidad de que aquellas revelaciones fueran la clave para comprender la enfermedad que padecía su madre. Un torrente de emociones la invadió: cierta esperanza, intriga y un palpable sobresalto se entrelazaron en su mente, manteniéndola en vilo mientras absorbía cada palabra con atención febril.

Aquellas palabras le crearon cierta esperanza e interés, aunque aquel exceso de sensaciones de sobresalto, confusión y sorpresa la mantuvieron alerta.

Tras explicarle las normas del centro, la condujeron hasta su habitación, en la segunda planta, donde conoció a la tríada muthi, un trío de hermanas mandonas y poderosas con Maxine Sanders como líder.

Aquella planta estaba repleta de habitaciones y baños, tanto comunes como individuales. Además, podía distinguirse una enorme sala de ocio con comedor y un office donde la comida llegaba a través de un montacargas.

Al llegar, dos residentes se encontraban discutiendo mientras ellos se amenazaban con los tenedores que sostenían entre sus manos. Las voces cesaron en cuanto una novedosa cara nueva llegó. Yara se sintió cohibida bajo la mirada de tantos ojos postrados en ella, estudiándola escrupulosamente. La tensión en el aire era palpable, y Yara sintió cómo el peso de su nueva realidad se asentaba sobre sus hombros, llenándola de una mezcla de anticipación y aprensión ante lo que estaba por venir. Era una chica tímida y callada que no estaba acostumbrada a tal atención. Con un tono bajo, sin ser pesado, saludó con calma, avergonzada.

Al entrar en la habitación, se fijó en que, además de haber cuatro camas idénticas, los armarios empotrados estaban divididos en cuatro partes iguales y todos y cada uno disponían de cerradura con llave. Aquellas cerraduras estaban en su mayoría destrozadas. Se veían con intentos de forcejeo e incluso algunas totalmente forzadas. Hasta el último y minúsculo objeto personal debía guardarse dentro de estos, ya que, de lo contrario, podrían darse por perdidos. No los volverían a ver.

Yara pudo comprobarlo en su primer día. Marcó su debut con una sencilla novatada, en la que le robaron el teléfono móvil con el que solía despertarse. Le habían advertido. Todo residente que salía del centro a su regreso era registrado, donde los enseres de valor como los mismos teléfonos eran intervenidos y confiscados. Con ella, habían hecho una excepción por petición propia. Excepción que no duró ni veinticuatro horas. Había guardado el teléfono bajo su almohada, pero al despertarse ya no estaba.

Había que andarse con los ojos bien abiertos, nadie debía ser visto portando o guardando objetos importantes, ya que de lo contrario no cesarían hasta conseguirlos. No era por necesidad, sino por mero poder. Un sentimiento lejos de ser superfluo y banal. Era una intensa y afilada envidia que les llegaba a corroer. Los hurtos eran comunes en el Ínsola Firme. Era como un juego para ellos. Lamentablemente, todo lo que era guardado bajo llave requería ser desbloqueado con la misma llave, y cualquier cosa que se abriera debía ser cerrada de inmediato. Esto significaba largas esperas, a veces de hasta treinta minutos, mientras aguardaban a alguien que pudiera llegar para resolver la situación. Siempre corriendo de un lado a otro, tratando de lidiar con los residentes. La urgencia en el aire era palpable, cada minuto se sentía como una eternidad mientras el tiempo se deslizaba inexorablemente.

Las plantas residenciales del Ínsola Firme estaban repletas de rincones encantados para evitar el uso de la hechicería. Los barrotes de las ventanas y los armarios eran parte de las zonas encantadas con poderosos hechizos protectores. Nadie osaba tratar de repeler los escudos antimagia. Era inútil e innecesario. Muchos eran conocedores de las catastróficas consecuencias de intentarlo. Algunos eran petrificados por semanas, otros eran convertidos en ranas, alguno había llegado a perder todas las extremidades e incluso hubo quienes se transformaron en insectos. Lo peor eran los castigos que, una vez recobraban su aspecto original, siempre eran llevados a aislamiento, una cárcel subterránea perteneciente al mismo averno, unos días más, para que pensaran y recapacitaran por su conducta.

De aquel hoyo oscuro tan sólo se escuchaban sus gritos de agonía, puesto que se veían inmersos en el tormento de su propia mente, accionando un mecanismo que los arrastraba a su propia cárcel particular. Nadie osaba traspasar los escudos con magia. La fuerza de un simple mundano o los artilugios creados con el mayor de los ingenios eran más que suficientes.

Tampoco nadie solía acceder a las zonas prohibidas como la del ático del ala oeste, donde se creía que había infinitos tesoros ocultos. Del ala oeste apenas se hablaba, por lo que Yara aún no poseía ningún conocimiento sobre la zona. No obstante, tras su primera noche en el Ínsola Firme, comenzó a tener unos lúcidos sueños en los que una mujer de halo blanquecino se le aparecía para susurrarle con una voz suplicante diciendo que hallaría respuestas en la habitación catorce-cero-ocho. ¿Podría ser ella la antepasada de la que hablaban? ¿Akila Puyé? —se preguntó—.

Aquel día, el sudor de aquel mal sueño había traspasado sus sábanas. Yara abrió los ojos, confusa y desorientada, tratando de descubrir de quién podría tratarse. Se sentaba en la cama mientras el sudor que salía a través de sus poros resbalaba por su rostro, ensimismada, recordando el angustioso rostro de la mujer que se le había aparecido, pensando que podría tratarse de una alucinación hipnagógica sin importancia. Yara se quedó mirando fijamente hacia la nada, con las pupilas dilatadas y el pulso acelerado. Trató de calmarse recordando que no era la primera vez que tenía experiencias o percepciones extrasensoriales, aunque no de ese tipo. Mientras tanto, la tríada permanecía en un profundo sueño.

Cuando ya se sintió más relajada, decidió dejarse llevar por su curiosidad sin mostrarse escéptica y tratar de descubrir las indicaciones de la mujer de halo blanco aparecida. "Hallarás respuestas en la habitación catorce-cero-ocho". Eran indicaciones claras y específicas.

Se quedó contemplando todo cuanto la rodeaba, asumiendo que la mujer era tan real como lo era ella y que lo que había experimentado no había sido una falsa sesión manipulada de espiritismo al estilo Houdini, sino alguien que se estaba comunicando con ella desde el más allá de una forma tan exacta y tan verídica que se erizaba su vello y se le ponía la piel de gallina.

Yara dio un barrido visual a toda la habitación tratando de guiarse por su intuición mientras susurraba las palabras que la volva Hildora Danforth le había enseñado. "Mi mente es la llave que me libera" —dijo tras respirar hondo varias veces—, y entonces, se agachó para mirar bajo su cama. Una caja de madera apareció de la nada, como si fuera una de esas pequeñas partes atrapadas en el tiempo que tenía el centro, como si siempre hubiera estado allí esperándola. La abrió y la miró con detenimiento sin hallar nada. La movió de un lado para otro, observando en profundidad, y ya cuando casi se había dado por vencida, recordó a uno de los residentes internos haciendo aparecer de la nada una onza de chocolate. Yara repitió sus palabras para probar suerte: "*Visus blecchen*". En aquel momento, una llave de hierro antigua se mostró ante ella. Al tocarla, un agarre gravitatorio la devoró como si se tratara de un absorbente agujero negro. Un destello luminoso la transportó hasta el ala oeste frente a la puerta del ático. ¿Cómo había llegado ahí? —fue lo que pensó ella sin dar crédito del todo a lo que sucedía en plena madrugada—.

La llave cuadraba perfectamente con el ojo de la cerradura. La introdujo y, al girarla y abrirla por completo, vio un ático repleto de auténticas reliquias, que para Yara, en un principio sólo eran artículos desfasados y recuerdos de quienes antiguamente habían habitado aquel lugar. Lo observó a lo lejos hasta que decidió adentrarse para ver con más detenimiento.

Caminó hasta el fondo mientras trataba de esquivar como podía los artilugios apilados y mal almacenados que había a su alrededor. Apenas un haz de luz de la luna llena incidía en pequeños rayos que filtraban sobre el ático por lo que vagamente lograba ver. Al llegar al fondo, tiró de una enorme sábana blanca que tapaba toda la pared, dejando a Yara perpleja al mostrarse lo que había tapado tras ella.

Cientos de antorchas flotantes se encendieron iluminando aquel enorme y mágico lugar, mientras un inconfundible y atenuante sonido de violines comenzó a sonar.

Unas enormes estanterías cubrían todas las paredes tocando hasta el techo, repletas de todo tipo de libros antiquísimos, siendo estos libros de alquimia, astrología o herbolaria, como también libros de obstetricia, filosofía... Yara iba ojeando mientras pasaba su mano cercana a ellos, preguntándose cuánto tiempo llevaban esos libros tan bien conservados ahí tirados y abandonados. De repente, escuchó en su cabeza la misteriosa voz fantasmal de la mujer de las pesadillas. "Coge el libro de «La Clavícula de Salomón»". No podía ser verdad, real. Tal vez siguiera sumida en un sueño, pero al pellizcarse pudo comprobar que lo que estaba sucediendo era totalmente veraz. Frente a ella, estaba el tal libro de «La Clavícula de Salomón». ¿Qué estaba pasando? Se preguntaba una y otra vez sin dar crédito del todo.

Decidió seguir su instinto y las directrices de la misteriosa voz y fue directa a cogerlo, pero al mover el libro para sacarlo de la estantería, se accionó algún tipo de mecanismo que hizo que la estantería se abriera por la mitad, dejando a la vista una estantería secundaria secreta, donde se encontraban innumerables grimorios, antiguos libros de magia con diferentes encuadernaciones y tapas de piel o cuero. Lo que tenía Yara ante sus ojos era un arsenal de auténticos tesoros, que habían permanecido ocultos al tiempo, al menos para ciertos seres.

Libros que revelan secretos perdidos y sabidurías ocultas, repletos de conocimientos olvidados; libros que enseñaban a congraciarse con los arcángeles y a mantener conversaciones con los tronos celestiales; libros de magia blanca, apócrifos, manuscritos y papiros; libros de nigromancia y libros de la demonología babilónica; libros de magia talismánica, magia astrológica, caldea y tradición cabalística; libros de magia natural, jerarquías de ángeles y espíritus; libros de invocaciones y ocultismo. Libros cuya posesión debió convertirse en auténticos martirios, pues habían sido libros prohibidos durante la mayor parte de la historia del reino, y la mayoría quemados en los incendios en nombre de la única religión verdadera, quedando estos en el olvido. Yara comenzó a leer ciertos títulos, como el "Codex Borgia" o "El Codex Gigas", el "Picatrix", "El libro de Enoch", el "Almagesto", "La Turba Philosopharum" o el "Sefer Raziel".

A continuación, la misteriosa voz de la mujer resonó en su mente, envuelta en un halo blanquecino que parecía trascender la realidad misma. Era como si un lazo invisible, tejido por la magia más antigua y poderosa, las uniera en un vínculo que desafiaba toda lógica y comprensión humana.

Yara se estremeció ante la sensación de lo desconocido, sintiendo cómo la presencia de aquella voz en su cabeza desafiaba todas las leyes naturales que creía conocer. ¿Qué clase de fuerza era capaz de trascender los límites del espacio y el tiempo, comunicándose con ella de una manera tan íntima y penetrante?

El misterio se espesaba a su alrededor, como una niebla oscura que amenazaba con envolverla por completo, mientras la magia tejía sus hilos invisibles a su alrededor. En ese momento, Yara comprendió que estaba adentrándose en un mundo donde las reglas ordinarias no tenían cabida, donde lo imposible se convertía en realidad y donde el poder de la magia era tan palpable como el aire que respiraba.

La voz le instó a agarrar el manuscrito "Voynich", para accionar nuevamente un mecanismo que la conduciría hasta una cámara subterránea, guiada por unos pasadizos que le hacían señas, con ventanas de vidrio y decenas de luminosas y llamativas vitrinas. En dichas vitrinas se hallaban innumerables anillos, como el "ouroboros" (para los alquimistas), el "dombring" (hecho de piedras monolíticas) o el anillo de Nibelungo (el cual poseía una maldición). Al fondo, una enorme puerta de madera tallada con numerosos símbolos detallados que poseían una enorme fuente de energía, como si tuviera vida propia.

Los ojos de Yara se emblanquecieron mientras susurraba fonemas desconocidos que expresaban el misticismo y la arcana complejidad del caos. La puerta se abrió ante ella y cuatro dragones del color del nácar, encadenados de su interior, despertaron enfurecidos.

Sin darle tiempo a percatarse, una enorme llamarada surgió de las fauces de uno de los dragones, cortando el aire con un silbido aterrador y trayendo consigo el olor acre del peligro inminente e iba directamente hacia ella. En ese instante, como un oscuro presagio de su destino final, se insinuó en su mente la idea del inefable reposo eterno que aguardaba en la tumba, como una nota musical, una melodía macabra que resonaba en lo más profundo de su ser.

El fuego devorador se acercaba con rapidez, amenazando con consumirla por completo, pero justo cuando parecía que todo estaba perdido, el señor Karnayna surgió de entre las sombras, como un salvador en medio de la oscuridad, en el último momento para agarrarla y tirar de ella. La arrastró lejos del peligro inminente. Con un movimiento rápido y preciso, cerró por completo y de golpe la enorme puerta, encapsulando la amenaza en el abismo de donde había surgido.

—¿Se puede saber qué es lo que haces? —dijo vociferante y enfadado—. ¿Es que acaso pretendes morir?

CAPÍTULO 5

"Aprender a nacer del dolor y a ser más grande, siendo la causa de uno mismo, recordando que cualquier momento es bueno y que ninguno es tan terrible para claudicar, pues el triunfo del verdadero ser surge de las cenizas del error"

El señor Karnayna postró sus ojos ante ella. Las pupilas demoníacas eran de una viveza siniestra y feroz. Yara, con las piernas temblantes y su cuerpo sofocado por la parálisis que le había sobrecogido, tragó saliva y quiso explicarse, pero, al ver aquel ansioso y molesto ghoul, contuvo su impulso y asumió su papel de espectador silencioso. Oír, ver y callar.

Hubo una serie de golpes rápidos y contundentes a la pared que dejaron escapar su ardiente cólera. Trataba de no perder los estribos, ya que se encontraba en plena noche de luna llena. Quiso contener sus ansias de devorar, a sabiendas de que no podía. Debía reprimir sus deseos naturales de depredador. Ella era su kriptonita.

El señor Karnayna continuó sermoneando con una incesante verborrea y con un tono de consternación y decepción, explicando que se encontraba en la torre de Tumma tratando serios temas con su clan cuando se vio involucrado en aquella pesada noche. ¿Cómo era posible que él supiera dónde se encontraba? —se preguntaba Yara.

Todas las habitaciones poseían un sistema de vigilancia. Todas tenían un walkie-talkie escondido para escuchar todo cuanto ocurría durante las horas que permanecían sin supervisión adulta, con aquellos poderosos y desviados menores, que se encontraban solos por las noches. Había sido una petición del señor Legba para no hacer un uso excesivo de maná en controlarlos. Era un ser audaz. Además, se decía que el lamassu del señor Legba patrullaba por las noches los pasillos del Ínsola, por lo que disuadía a la gente de intentar salir al anochecer. Como consecuencia y una vez más por seguridad, las puertas permanecían cerradas a cal y canto para impedir que la gente entrara y saliera a sus anchas.

Karnayna se había teletransportado en cuanto comprobó que no estaba durmiendo, tras escuchar los murmullos conjuradores. Tras unos minutos y con la mente más apaciguada, le quitó la llave de hierro forjado, la cual no poseía su forma real, siendo esta la cruz de Ankh, un tesoro que poseía muchos más usos y no sólo el de abrir puertas. La comisura de sus labios se curvaron mientras decía con una mirada maliciosa:

—Ni se te ocurra volver a hacerlo.

Líndel Karnayna, de apariencia sombría y recalcitrante, no quiso incurrir en explicarle qué hacían cuatro dragones en aquella cámara o qué se escondía en ella. Era parte de todo lo que desconocía ella y no debía apresurarse por querer saberlo todo de un día para otro.

Él estaba convencido de que ella quería morir, pues sólo las almas de aquellos que estaban preparados para irse lograban pasar por aquellos laberintos de pasadizos interminables. El anillo que portaba brilló y el shinigami sacó un papiro que le fue entregado a su amo. Karnayna lo desenroscó y sacó una pluma de aura levitante con el fin de firmar un acuerdo. Punto primero. Respetar la vida aun en las más profundas depresiones. Punto segundo. No practicar magia que se desconoce y punto tercero. No salir a hurtadillas sin supervisión en plena noche, tras el toque de queda. Yara tomó la pluma para firmar y, tras ello, ser escoltada para regresar hasta su cama.

Al día siguiente la hicieron llamar. Debía acudir al despacho del señor Legba. Nadie osaba traspasar los escudos con magia, como tampoco osaban ir al ala oeste. Yara era consciente de que había obrado mal y aún con el susto en el cuerpo, esperaba que fueran indulgentes por ello. Era afortunada de seguir con vida y quería creerlo. Para su sorpresa, en lugar de enviarla a aislamiento, el señor Legba obvió su escapada nocturna y le propuso retomar las clases en el mundo mundano, llevando así una doble vida.

—Por las mañanas puedes acudir a tu instituto hasta terminar la educación secundaria y por las tardes aprender artes mágicas junto al resto.

Era evidente que debía tratarse de una medida tomada por precaución. En las mañanas, un inspector del reino podía presentarse sin previo aviso en el Ínsola Firme y Yara era un riesgo plausible que debían ocultar. Sería inapropiado que un esporádico y eventual accidente se diera lugar en el momento más imprevisto.

Normalmente, los residentes internos trataban de contener sus deseos de practicar magia en las zonas comunes. No todos los trabajadores del Ínsola Firme eran sobrenaturales, como, por ejemplo, el personal del servicio de lavandería, quienes distinguían a la perfección de quién era cada prenda lavada por la llamativa etiqueta que éstas llevaban, cuyos nombres se veían grabados hasta en la ropa interior.

El personal del catering tampoco eran seres sobrenaturales. Eran los mundanos que daban de comer a diario a los más de cien menores de aquel lar. Además, era el voluntariado colaborador que contribuía con una parte de las obras de caridad del reino de Tartaria. Los trabajadores del Ínsola Firme eran promovidos por la fe que aportaba su granito de arena a los más vulnerables. Para ellos, su compromiso era un deber.

El personal del catering estaba bajo los efectos de un hechizo que les impedía ver cómo ciertos menús, como el de los vampiros, serían la sangre fresca de un animal recién cazado. Había quienes necesitaban sustentarse con la sangre de alimentos vivos, como también quienes se nutrían de restos orgánicos de origen vegetal y todo tipo de artrópodos.

A Yara, al contrario que a otros compañeros, le encantaba la comida del catering. Ella sabía lo que era tener hambre y no poder saciar su vacío intestinal. Por fin podía darse el gusto de nutrirse y comer ávidamente con un apetito desenfrenado. Una cocina repleta de viandas y un menú variado con el que deleitarse, aunque no todos pudieran comer lo mismo.

En ocasiones, algún mundano, tanto del personal del Ínsola como los vecinos del pueblo de Puckley Baciu, lograba visualizar lo que había tras el velo ocultador, un advento y fortuito momento de magia ocasional, por lo que se veían obligados a modificar la memoria para que no fueran capaces de recordar nada.

Sus compañeros, como bien le había dicho la mediadora en su momento, eran menores que provenían de familias desestructuradas o de familias alejadas durante generaciones de su linaje. Dichos compañeros eran reclutados no sólo para instruirse en el mundo sobrenatural, sino también para ser protegidos.

Allí residía una gran variedad de seres. Todo tipo de abusos sufridos o delitos cometidos, generalmente condicionados por su baja estofa. En aquella residencia convivían todo tipo de culturas, costumbres o manías. Gentes de toda la ralea cuya naturaleza era de índole de incultura e ignorancia.

Toda clase de historias que compartían un mismo denominador común. Un patrón innegable, extraño e involuntario que vinculaba a todos ellos. Eran bisoños rebeldes emocionalmente destruidos que demandaban atención por medio de la magia. Parecía que los horrores y penas colectivos los habían fusionado como muñecos rotos unidos por una luz de sol menguante.

Allí se comprendía cómo los monstruos no nacían sino que eran creados. Eran niños vulnerables pero trastocados, sin nada que perder. Niños violados por sus familiares. Niños con padres yonkis que les drogaban. Niños maltratados, huérfanos o mutilados. Jóvenes con enfermedades mentales o deformados. Imberbes, camellos y carteristas. Novicios que, al fin y al cabo, no conocían lo que era el amor paternal, fraternal, ni de ningún tipo.

Había también quien maltrataba a sus congéneres. Había niños cuyos padres magos repudiaban a todo descendiente que no poseyera un fuerte poder de maná, abandonándolos a su suerte. Había ladrones, había secuestros, había intentos de suicidio e incluso intentos de asesinato. El aura heka que emanaban era oscura, turbia. El sufrimiento extremo y el trauma severo los acercó entre sí, pero los alejó de una perspectiva global del mundo.

En su lucha con los vientos que eran molinos, lograban vencer a los molinos, pero no a los vientos. Perdían y ganaban constantemente y continuamente ganaban y perdían.

La mayoría de aquellos seres sobrenaturales, independientemente de si eran vampiros, hombres lobo o simples mortales, escogían las artes ocultas y la magia negra, cuyos métodos u objetivos no eran comúnmente aceptados por tener un fin egoísta o personal, pero, ¿qué se podía esperar de aquellos pequeños perros heridos, cuyas visiones melancólicas eran el vulgo que no se podía vislumbrar?

Allí había gente que tras la herida se volvía cuchillo.

La tríada muthi practicaba magia negra. Eran de las más longevas en el centro, por lo que su avanzado nivel era notorio frente al resto. Solían oírse los cuchicheos de otros seres por los pasillos, alardeando de sus inusuales métodos ceremoniales, siendo los responsables de mutilaciones humanas, llevando hasta la última gota de sangre de sus presas y robando sus corazones no latentes.

Yara apenas logró conocerlas, puesto que estaban en guerra con sus archienemigos, los druidas dagdanos. La tríada se disolvió al fugarse del Ínsola Firme para evitar enzarzarse en una batalla mortal. Fugarse, era algo común en muchos residentes incapaces de acatar las normas. Era frecuente ver cómo las personas iban rotando con el breve paso del tiempo. Muchos de los residentes no lograban dominarse y acababan perdiéndose.

Yara ofreció una respuesta satisfactoria para el señor Legba, cuya autoridad era noble e indiscutible. Volvería al mundo mundano y mantendría una relación paralela entre ambos mundos. Tal vez ese fuera el empujón necesario para lanzarse al mundo dirigiéndose en la dirección correcta, como si se tratara de una fuerza mágica. En aquel momento, ella no fue consciente de que sería la única residente en matricularse en un instituto para mundanos y que aquello se convertiría en un auténtico reto.

Para llegar a su instituto debía coger el tren procedente desde Indesia, con parada en Puckley Baciu y con destino final en La Halabra, lugar donde se ubicaba el instituto "El liceo". Para ello debía adentrarse en la pequeña urbe donde se encontraba la marginada estación de tren, encontrándose aún más alejada y escondida que el propio Ínsola Firme.

El primer día fue con suficiente tiempo, por lo que decidió conocer el pueblo y darse a conocer entre sus vecinos, acercándose a desayunar a la única cafetería del lugar e intentar indagar más sobre la historia, sobre todo aquello que le ocultaban en el centro, incluyendo a Akila.

Al llegar y entrar, todas las miradas fueron directas a ella. Miradas de incredulidad, de sorpresa e incluso de desdén hacia la forastera. La pequeña cafetería estaba repleta de mundanos a primera hora de la mañana, pero aun así logró hacerse un hueco en la barra donde poder sentarse a tomar un café mientras los susurros y las miradas le hacían incomodarse.

Yara sacó su lado más oculto, esforzándose por ser simpática, algo poco habitual en ella. Trató de entablar conversación tímidamente con la mujer que tenía a su lado, la cual la había ignorado por completo. También trató de presentarse y charlar con el camarero, el cual parecía más amable que el resto, hasta que le preguntó por Akila, momento en el que dijo estar muy ocupado con cara de pocos amigos.

Parecía que iba a ser más complicado de lo que supuso en un primer momento, hasta que un hombre mayor se acercó a la barra donde se encontraba y le dio un empujón con el hombro, haciendo que se desparramase el café por completo. El hombre siguió su camino, con un aletargado paso por el pasillo, caminando hacia la puerta sin decir palabra ni disculparse siquiera.

—¡Eh! ¡Oiga! ¿Se puede saber qué le pasa?—quiso decir Yara alzando su voz con un tono enfadado.

Yara se mantuvo callada y petrificada, sin decir nada y sin saber bien cómo reaccionar. El barullo se rompió y el silencio se abalanzó sobre el habitáculo. Todos se mantuvieron a la espera, mirando fijamente, sin nada mejor que hacer. El señor se paró en seco y se dio media vuelta, para mirarla con odio, aun sin conocerla y escupir en el suelo.

—¡Bendita la tumba donde ninguna apestosa y maldita bruja ha sido enterrada y felices las noches de los pueblos donde han acabado con ellas y las han reducido a cenizas! —le espetó vociferante el desconocido Butch mientras gesticulaba incesantemente con las manos, maldiciendo y gritando que en el pueblo los forasteros no eran bien recibidos.

El viejo Butch la fulminó con la mirada, abrió la puerta y se fue dando un portazo. El semblante de Yara se agrió dejándola estupefacta, pues no comprendía cómo los vecinos de un pueblo eran capaces de inspirar tal aversión.

Otro de los vecinos del pueblo, Eliot Sawyer, se acercó a ella tratando de quitar hierro al asunto, pagó su desayuno y la invitó a irse de aquel sitio junto a él. Ella, aún absorta, inclinó su cabeza con gratitud, aunque avergonzada, e hizo caso a sus indicaciones.

Estando solos y después de tranquilizarla, el desconocido y amistoso Eliot le comentó que debía tener paciencia, pues era un pueblo cuyos vecinos se habían mantenido unidos durante muchas generaciones y todos se conocían. Debía ser paciente, puesto que no eran mala gente una vez se dejaban conocer, siendo tan sólo personas con viejas costumbres y de mente cerrada. Además, el viejo Butch solía delirar, pues, a primera hora de la mañana ya solía ir ebrio de bar en bar pasando el día. Después, Eliot quiso preguntarle por qué había mencionado el nombre de Akila.

Todo sentimiento de arrepentimiento agonizó en el amargo, en un intento de sonsacarle algo de información. Ella comenzó a hacer comentarios esporádicos mientras elucubraba una historia creíble para mundanos. Finalmente, tartamudeó una excusa y, tras decirle que se trataba de un trabajo para su instituto, Eliot se confió.

—Sólo son viejas historias llenas de supersticiones. Ya te lo he dicho, aquí son gente muy tradicional. Imagínate cómo son, de supersticiosos, que cada vez que se rompe un espejo se convencen de que tendrán siete años de mala suerte y se santiguan como si ese acto lo fuese a enmendar. Cuando les duele la cabeza, muchos se frotan la sien con una cebolla, ¡con una cebolla, Yara! Las embarazadas no se tiñen para que sus hijos no salgan pelirrojos. En fin, ¿qué más? En los malos presagios se toca madera. ¡Ah! No hay ningún gato negro que no sea callejero. No sé, podría pasarme así todo el día. Pero... sí que es cierto que de pequeño escuchaba cómo mezclaban el morbo con historias aterradoras sobre Akila Puyé y el bosque prohibido. Mmm..., tal vez mi abuela Elisabeth sepa algo, pero vive en las afueras con mi madre, que también se llama Elisabeth, por cierto, y creo que mi tatara tatara...tatarabuela fue íntima de la mujer que mencionas. Yo ahora tengo que irme a trabajar, me espera una dura jornada, pero si quieres, les puedo preguntar sobre el tema cuando vaya a verlas. El lunes de la próxima semana podrás encontrarme aquí a la misma hora —dijo aquel sonriente y tranquilo hombre de cabello plateado.

Yara accedió complaciente, de manera ansiosa, confiada y anticipada. Tras despedirse, cada uno tomó su camino.

A la semana siguiente, Yara acudió al encuentro para ver de nuevo a la única persona que en aquel momento le podría esclarecer parte de sus dudas. Al verse, Eliot quiso mostrarle sus terribles hallazgos. Ambos se mostraron nerviosos mientras él le mostraba un maletín, cuya superficie se encontraba repleta de hojas con información relevante.

Al acercarse, Yara pudo leer por encima alguna de las hojas.

—¿Qué es todo esto? —le preguntó mientras hojeaba sin comprender del todo lo que estaba leyendo.

—Son casos documentados que he podido recabar sobre el bosque prohibido.

Ella continuó leyendo algunos de los titulares: «Un pastor y su rebaño de doscientas ovejas se adentraron en el bosque y desaparecieron sin dejar rastro. 1795» «Ludwig Leichbard, explorador y naturalista, desaparecido durante su gran expedición en Puckley Baciu. 1848», «Tres menores desaparecidos sin dejar ningún rastro. 1903». «Detective privado desiste en la búsqueda intensiva dando por muerta a Jaqueline Brown, desaparecida el doce de abril. 1914» «Veintiséis denuncias activas por desapariciones en lo que va de año. 1950» «Mujer e hijo atravesaban el bosque con su marido cuando sintieron un fuerte escalofrío y los rodeó una gran niebla. Así relatan los hechos de la desaparición del alcalde del pueblo de Puckley Baciu» «Multas de hasta dos mil $ para aquellos que se acerquen a menos de cincuenta metros del bosque» «El fenómeno del tiempo perdido. Reaparece cinco años después sin ninguna transformación, una niña desaparecida a los siete años. Misma ropa, mismo rostro y mismo cuerpo. El tiempo se detuvo para ella, que creía que sólo se había alejado de su casa por unos minutos. 1961» «Desaparece el hombre que afirmaba tener pruebas fidedignas de que unos seres monstruosos viven en el bosque de Puckey Baciu. 1980»

El silencio se hizo por un momento ante los datos insólitos que estaban siendo revelados.

—En cuanto a Akila, puedo decirte algo. Durante años se dijo que era una bruja y que era tal su poder que podía ser capaz de camuflarse entre la naturaleza y escuchar conversaciones en cualquier lugar, siendo como un espíritu. La leyenda dice que sus poderes llegaban hasta donde jamás nadie lo había logrado y que su pacto con los antiguos espíritus la protegía. Pero estas habladurías y supersticiones vinieron a raíz de su terrible asesinato.

—¿Asesinato?

—Mi abuela me contó que Akila tenía doble vida. Parecía ser una mujer corriente, trabajando como partera del pueblo, pero a la vez, era la bruja más poderosa de su congregación —dijo mientras reía incrédulo—. Realmente, a Akila no la descubrieron por hacer uso de su teórica magia o porque alguien la delatara, sino por no poder evitar salvar la vida de un bebé en un parto, donde poco después la acusaron de brujería y la asesinaron en el bosque. En aquella época era motivo más que suficiente para ser acusada de brujería, y aunque para muchos lo que te voy a decir sólo se trate de un cuento de viejos supersticiosos, del delirio de una mente enferma o de los despojos de una edad pagana ya olvidada, los datos están ante tus ojos. Creo que la magia existe. En este pueblo siempre lo han creído y a la vez temido. Ese bosque sin duda tiene algo tenebroso y particular. Sí, Yara, magia. Espero que no me tomes por un demente. Mi abuela me educó con viejas leyendas y supersticiones. Hacía tanto que nadie nombraba ese nombre... que por eso te estoy ayudando. Creo en la magia. Aunque se encuentre oculta en las páginas de polvorientos manuscritos o en un bosque. Aunque sus secretos se escondan en las manos de extrañas criaturas, en las mentiras que brotan de los labios de las personas con malicia o en las desgastadas letras de libros abandonados, creo que la magia existe. Y lo que es más importante, tarde o temprano alguien será víctima de ella, pues seguramente los restos de Akila y su alma no estén descansando en paz.

Yara al fin era poseedora de cierta información, al menos como apoyo para conocer su entorno y su antepasada, y todo gracias a un mundano con una fulgurante y morbosa gana de indagar en temas prohibitivos para su entorno, salvo con su abuela a hurtadillas.

Finalmente, Yara comprendió que los seres, ya fueran humanos o sobrenaturales, no eran, sino partes infinitesimales de un todo inmenso, donde cada uno estaba unido a la vida de sus predecesores de alguna manera y donde los antepasados formaban parte de ellos, separándolos tan sólo el tiempo, y siendo el tiempo a su vez una mera ilusión.

CAPÍTULO 6

"La voluntad nos hará libres con la luz natural fortalecida, sin detenerse, donde el alma indomable venza a la bravura del sometimiento de la sociedad. La noche es más opresiva y el deseo de liberarse crece. Nocturnos con insomnio que no oyen la llamada de su alma queriendo que se libere. ¿Aúlla por temor? No, aúlla para que se la oiga, que todos sepan que se hace más fuerte".

Yara ofreció una respuesta satisfactoria para el señor Legba. Volvería al mundo mundano y mantendría una relación paralela entre ambos mundos. En aquel momento, ella no fue consciente de que aquello se convertiría en un auténtico reto.

Se acercaban fechas señaladas. Las apoteósicas fiestas navideñas. El aforo sobrepasaba con creces el máximo de personas que debían residir en las plantas del Ínsola Firme y todo se volvía un descontrol. Eran meses caóticos donde se juntaba una gran multitud con forma de plaga. El ambiente anárquico y demencial imperaba las paredes del Ínsola, mientras Yara debía llevar una doble vida.

La exposición prolongada del desagradable potenciador de estrés al que se debía afrontar estuvo a punto de acabar con ella. Era imposible aquietar el ruidoso bullicio en ningún rincón. Apenas lograba escuchar sus pensamientos. Llevar una doble vida expuesta a aquel tiberio estridente y agitador en época de exámenes la convirtió en un deficiente zombie al que le faltaba una buena dosis de melatonina y serotonina. Apenas descansaba, la habían privado del sueño. Apenas le quedaba energía para aprender magia cuando regresaba.

Todos se habían visto involucrados como agentes agresores que contaminaban el ambiente con cortisol, donde los acúfenos eran el mejor estímulo del día. Era una orquesta sinfónica reventando los tímpanos. Aquel extenuante modo de vida parecía no terminar nunca. Además, el único regalo del que nadie se libraba en esas fechas eran las epidemias mágicas. Ni siquiera los seres sobrenaturales se libraban de enfermar. Ni el sistema más resistente podía combatir aquello. La contagiosa influenza, el síndrome de Eda o los terribles psocodeos se propagaban libremente en cadena y de forma masiva.

Yara pasó una época agotadora sin una supervisión estricta. Se abatía con facilidad, como el pensamiento fino y puntiagudo de un pelo que trataba de destruirla. Además, en su relativo reposo durante los viajes diarios en tren hacia el mundo mundano, la voz de la mujer de halo blanquecino, sin estar completamente segura de que se trataba de Akila, se metía en su cabeza para atosigarla de continuo. Su vívida imagen ofrecía una ligera distracción audible en la extraña claridad sulfúrica. La mujer de halo blanquecino le imploraba atención, pero Yara había mutado su espíritu en algo tan predictivo y robótico, con un profundo complejo de inferioridad, que le impedía seguir un indescriptible presentimiento.

Ella era la manifestación física de la restricción misma teniéndole miedo a la misma vida. Alimentaba su aislamiento para poder integrarse en silencio, soñando con un mundo en el que no hubiera emociones que ensuciasen aún más el color de su inocencia. Era el símbolo de la degradación de un colapso emocional y, por más cambios que hiciera en su vida, era incapaz de cambiar a pesar de su ardiente deseo porque así fuera. Ella temía seguir un instinto del que le habían privado durante toda su vida.

Mientras su arduo trabajo por amar pequeños instantes de la vida apenas comenzaba, vivía consumida por una devastadora sensación de que el dolor resurgiría en cualquier momento, puesto que había peligros implantados en el camino de la malicia. Estaba llena de una ardiente inquietud. Aturdida e impactada por tantos cambios que su mente no lograba asumir por completo. No había emociones en su rostro y poseía unos andares con cierta cadencia premiosa y desmañada.

"¿Por qué eres así?" —le preguntaban con cierta frecuencia—. Tal vez fuera porque vivía paralizada por la incertidumbre, sin saber cuál era su lugar. Tal vez fuera porque la habían anulado de forma reiterada, permitiendo que convirtiese sus heridas en un destino. Tal vez fuera porque vivía dominada por la apatía, el temor y el enfado, odiando a la mayor parte del mundo o tal vez fuera porque no había recibido el suficiente amor y vivía sumida en aquella enfermedad de la bilis negra llamada melancolía. Infinitas locuciones adverbiales se podrían dar lugar sin una respuesta certera más que aquel que se aferrase a su pasado, moriría un poco cada día.

Yara no poseía los suficientes conocimientos para ponerle freno a su agonía. Tal vez ciertos hechizos junto a la utilización de ciertos sortilegios lograrían sosegarla, pero, ¿realmente necesitaba hacer uso de la magia para ponerle fin a su dolor? La respuesta claramente se tornaba negativa. No poseía nada propio a lo que aferrarse, ni padres, ni objetos materiales, ni nada salvo el dolor que sentía. Era todo cuanto tenía. Por desgracia, apenas sabía qué hacer con ella misma, como para tener en consideración los ruegos de un fantasma de halo blanquecino que rondaba por su mente.

Por suerte, logró conocer la bondad en persona. Eran mundanos que formaban parte del profesorado de su instituto. Se llamaban Yannik y Ailana y poseían el venerable aspecto de la amabilidad y la voluntad desenfrenada. Eran detallistas y considerados, comprometidos y entregados. Yannik y Ailana postraban su corazón a cada paso que daban. Eran seres de luz que irradiaban la energía más pura, como la de los mismos ángeles. Ellos supieron cautivar el espíritu vivaz de Yara adaptándose a sus peculiaridades anímicas.

Su pulso se aceleró y su alma vibró al conocerlos. Su compañía y apoyo fueron el mejor regalo que jamás le habían hecho. Era una sensación cálida y sana, tranquila y modesta. Actuaron como mentores mensajeros de la palabra del bien, contribuyendo decisivamente en sus rápidos progresos. Ellos supieron hacerle ver que las nubes grises también formaban parte del paisaje.

Para Yara eran héroes. Héroes sin capa que adoptaban determinados valores y aprendizajes que la condicionaban. Héroes de los pequeños actos de bondad y generosidad que lograban tener un gran impacto en la vida de otras personas. Héroes, con la inmensa fuerza de inspirar seguridad en los demás y cuyas virtudes propias eran actuar acorde a ellos de manera humilde, empática y transparente. Héroes de la templanza y esa admirable humanidad que tomaba partido en los demás. Héroes de sus emociones, orgullosos de sus heridas abiertas, de sus cicatrices, de su vulnerabilidad, de su valor y de su sentir y de hacer sentir a los demás. Filantrópicos héroes del esfuerzo y de la entrega. Avanzando a sabiendas de que su versión a color era más bonita que su versión descafeinada.

Seres sorprendentes que afrontaban las adversidades con paciencia, devoción y reflexión como arma, ayudando a recomponer los trozos de otros y enseñándoles a hacerles brillar. Héroes que vivían con su autenticidad por bandera, creyentes patriotas de las segundas oportunidades y del progreso.

Ailana y Yannik habían sido las primeras personas en creer en ella. O al menos así lo sintió ella, siendo las primeras personas en tenderle su mano, aportando la suficiente confianza para permitirse abrir un frente hacia nuevas posibilidades. En su ampulosa pretensión porque Yara dejase de boicotearse a sí misma y luchase por un futuro mejor y una mejor calidad de vida, le enseñaron a dar el paso necesario para terminar una formación, preparándose con tesón, ensayo y esfuerzo. El esfuerzo y constancia necesarios para ir alcanzando metas.

Ellos, en su práctica encomiable, le enseñaron lo necesario para no abandonar, construyendo un sentido en pos de la responsabilidad y esculpiendo un camino en sus propias capacidades para reconducirse y gestionar su existencia.

Para ella, terminar su formación académica en el mundo mundano era prioritario, básico y necesario, puesto que no deseaba decepcionarles tras su enorme esfuerzo y tiempo invertido en ella. A pesar de querer tirar la toalla en ciertos momentos, donde perderse era confortable a corto plazo.

En ocasiones, las enseñanzas en el mundo mágico podían ser sorprendentemente lucrativas, sobre todo, en las clases del arte de las pócimas. Mezclar, añadir, remover, oler, probar, y volver a mezclar. ¿Había acaso algún placer más grande que el de crear pociones, pócimas y brebajes mediante ingredientes y conjuros?

Eran increíbles las distinciones entre ambos mundos. Mientras uno te enseñaba análisis sintáctico, inglés o aritmética, otro te enseñaba a potenciar su aura heka o a activar su maná, uno de los recursos más básicos e importantes como fuente de energía. "Ojalá hubiera manera alguna de reconciliar la educación mundana con las ciencias ocultas y las artes mágicas" —pensaba ella—. Era tal la reserva de conocimiento existente que le parecía suponer un terrible desperdicio.

Sílfeno y Nemina eran los magos encargados de instruirlos en las clases de pociones. Ambos se complementaban en sus enseñanzas con dichos que uno comenzaba diciendo y el otro terminaba.

—El que aprende y aprende y no practica... —decía Nemina con su aguda voz.

—... Es como el que ara y ara y no siembra —terminaba diciendo Sílfeno entre los gorjeos de un fumador empedernido mientras trataba de esconder con su pelo la grotesca herida con marcas de quemaduras en su sien, a lo largo de su periferia.

A veces incluso se intercalaban para simular la sorpresa de su alto entendimiento cuando todos sabían de sobra que hacían uso de la telepatía...

—Tenemos remedios para los cansados, los desalmados, los olvidados, los indiscretos o los estériles y...

—... Debemos estar preparados para interpretar los movimientos de los astros, leer los signos para predecir el futuro, poder manipular y controlar los elementos naturales como el fuego, el agua, la tierra y el aire, alterar la forma física y transformarse en otras criaturas u objetos, no ser atacado por otros seres, repelerlos con elixires, atacarlos nosotros mismos o hacer bailar a las damas.

Siempre se intercalaban a la hora de instruirlos. Les encantaba mencionar los más variopintos hechizos, uno tras otro, como en los tratados de magia. Pero lo que mejor se les daba era la hechicería en su vertiente botánica y ritual, enseñándoles que la brujería poseía propiedades anestésicas, alucinógenas y, en grandes cantidades, venenosas, pudiendo además entremezclarse para conseguir pociones inimaginables.

—Una pizca de polen de espadaña, un chorrito de cera de colmena, una raíz de astrágalo, diez ml de aceite de ricino, diez ml de aceite de trementina, un ml de jugo de sanguijuela, tres pétalos de acónito, un ml de baba de sapo, cinco ml de sangre de abubilla, una exuvia de naga, un chorrito de azogue, la flor de un saúco, una hoja de yggdrasil, una hoja de sorbaria, una hoja de ciprés y doce gramos de amanita faloide a fuego lento durante cuarenta minutos removiendo en intervalos de tres minutos, mientras recitáis en los últimos diez segundos el conjuro invocador de "*invisus volluptocare*" y obtendréis el elixir de la invisibilidad instantánea con una duración de entre tres horas y treinta minutos —les enseñaba Nemina mientras el aire se llenaba del aromático olor de la poción y las hojas molidas.

—Una oreja de abad, una cabeza de mirla, las tripas de un alacrán, una hoja de laurel, dos hojas de brionia, dos hojas de vinca, una hoja de zumaque, un poco de cicuta molida, un alquequenje, diez ml de aceite de ricino, cien ml de agua bendita, uva de raposa, una hoja de equiseto, una gota de láudano, una hoja de belladona, un chorrito de jugo de pimpinela, un grano de alcanfor, diez granos de lentisco y antes de añadir el último ingrediente, una flor de estramonio, recitar el conjuro invocador "*somnum*" y dejar a fuego medio durante veinte minutos sin necesidad de removerlo. Tras ese lapso de tiempo obtendréis un anestésico hiperpotente capaz de tumbar al mismo dragón de Orochi —decía Sílfeno mientras el aire se llenaba de un aroma refrescante y dulce y mientras todos se imaginaban cazando al mismísimo dragón, haciéndolo uno de sus familiares, los súbditos que portaban los más habilidosos o de alto rango.

Se decía que de todos los seres fantásticos que moraban en los senderos del bosque prohibido, entre los árboles retorcidos, las ruinas ancestrales y las sermenteras, acechaba una criatura legendaria: el temible dragón de Orochi, un ser de fuego que yacía dormido desde tiempos inmemoriales en la caverna más alta, un santuario inaccesible donde ningún ser sobrenatural había logrado llegar. También se decía que no era más que una leyenda, pues tan sólo era mencionado en los libros más antiguos.

A medida que los días se deslizaban uno tras otro, el ambiente se volvía más sereno. Parecía haberse apaciguado durante un tiempo, dominando por completo la afelpada calma.

En fragmentos de su memoria, había fantaseado con la tranquilidad que parecía vislumbrarse, una paz lejana y esquiva, un respiro anhelado de su propia impericia e ignorancia, donde se había pasado su corta vida resentida, extralimitada y condicionada a conformarse.

Bajo aquella calma, levantó la vista para ver la profunda oscuridad añil del exterior de la ventana enrejada de su habitación. Era el tipo de noche en la que el cielo parecía estar empapado en tinta negra con unas nubes que pintaban toda su borrosa y profunda perspectiva.

Una calma espesa y opresiva envolvía cada rincón, como si la tranquilidad fuera solo la calma antes de una tormenta, un presagio inquietante de lo que estaba por venir. Tenía grandes expectativas puestas, ilusionada, aunque sintiéndose increíblemente extraña por la ausencia de maltrato, sin percatarse de que su buena voluntad era un veneno invisible para aquellos que vivían con un odio mordazmente frío, envueltos en una llama ardiente.

La belleza del día se había agotado y la oscuridad se preparaba para llegar de nuevo. La escasa duración eludía las cosas que causan una sosegada alegría, placentera y pacífica. Alguien se acercó por su espalda mientras admiraba la noche desde la ventana. Sin opción a reflejo alguno, la atacó por la espalda, dándole un golpe ensordecedor, donde el aturdimiento fue tal que la llevó a perder el conocimiento.

Al despertarse aún era de noche, aunque parecía haber permanecido en un profundo letargo. Una sensación punzante atacó su cerebro. Al llevarse la mano a la cabeza, notó la sangre seca que le había estado brotando de la cabeza durante cierto tiempo.

Sus piernas estaban cansadas como el infierno. Se sentía aturdida, confusa y desorientada. No lograba adivinar dónde se encontraba. Todo su espacio giraba dando incesantes vueltas.

Tras recomponerse en aquella atmósfera lúgubre, abrió los ojos. Aún con la visión borrosa, vio una serie de imponentes pilares de piedra a su alrededor y sobre ellos una gran cúpula que la encapsulaba. Dichos pilares poseían espacios que se abrían entre las estrellas en las que incidía el cárdeno resplandor de una luz desmayada. Mientras se incorporaba, oyó el murmullo insidioso de unas aguas tenebrosas. Eran las aguas fluviales de un río que circulaba con una leve sinuosidad.

El sonido del agua y el leproso resplandor la condujeron a unos pasadizos cuya apariencia era la de unas impías catacumbas.

Mientras trataba de caminar despacio, con cuidado de no tropezar, con los brazos extendidos para intentar no chocar con nada, apoyada en la pared de piedra para guiarse, comenzó a ascender por una escalera abominable, húmeda y resbaladiza, cubierta de indómitas hiedras y enredaderas que se enroscaban interminablemente entre los pilares de aquella cúpula. Allá donde se encontraba, apenas veía un fondo claro. Ninguna luz atravesaba la frondosa espesura. Yara avanzó a trompicones a través de los escombros y los cauces subterráneos, tambaleante y a ciegas, por la garganta secreta de aquella escalera hasta salir.

Cuando por fin escapó, no parecía haber nada clamoroso, vehemente ni enérgico en aquella atmósfera adormecida. Al poco tiempo, escuchó los sonidos de pasos y voces amortiguadas por la distancia. Innumerables formas movedizas parecían agitarse entre los claros de los árboles. Estos gigantes de madera, retorcidos por los vientos de siglos, parecían susurrar antiguas profecías mientras protegían el lugar de la furia del cielo. Los árboles deformes se mecían con una danza macabra, mientras sus raíces se entrelazaban con los cimientos de la cúpula, como garras que se aferraban a los secretos del más allá, como guardianes de un templo ancestral. El frío invadió el terreno junto a una humedad típica de una selva tropical. Yara quiso indagar, por lo que acabó por sumergirse entre los árboles. Los montículos cubiertos de hojas putrefactas, la vegetación enfermiza y fétida que parecía que nunca había visto la luz del día y las zonas de musgo y hiedra le fueron indicando el camino por el que fue avanzando con cautela.

A medida que avanzaba, el paisaje lúgubre comenzó a ceder paso a una extraña luminosidad. Hogueras danzaban en la oscuridad, lanzando destellos de luz que se reflejaban en las hojas marchitas y las ramas retorcidas como culebras. Había hogueras encendidas por todas partes. El brillo titilante iluminaba el camino hacia lo desconocido, llenando el aire con un aura de misterio y peligro, como si el lugar estuviera maldito.

Finalmente, vio a ciertas figuras colocarse junto a las llamas mientras ejecutaban unos rígidos ademanes rituales hacia el semicírculo que la miraba. Era un círculo mágico con símbolos y runas que fortalecían la conexión entre los mundos y servían como protección durante un ritual.

Con un escalofrío recorriéndole la espalda, finalmente llegó a la conclusión de que había penetrado en el mismísimo corazón del bosque prohibido de Puckley Baciu. Las sombras se cerraban a su alrededor, susurros ancestrales se alzaban desde lo más profundo del follaje, como un eco siniestro del pasado. Era un lugar donde los árboles parecían susurrar secretos olvidados y cada sombra ocultaba peligros desconocidos.

Yara explayó todo tipo de expresiones grotescas y originales mientras su conmoción pesaba más que su miedo. Su corazón comenzó a latir con fuerza mientras el miedo la inundaba, acelerándose a cada segundo que pasaba inmersa en el bosque.

Las figuras junto a las llamas le retorcían las entrañas. Podía notar las oscuras reminiscencias en el fondo de su alma. Aquellas fuerzas imponentes eran la de los druidas dagdanos junto a la prófuga tríada muthi. Que brotase un espíritu de camaradería entre ellos no tenía nada de particular. Yara sabía perfectamente que ambos clanes estaban enemistados y únicamente unirían sus brillantes séquitos para transgredir los límites del bien y el mal. Ellos exploraban el lado más escabroso, con un goce exquisito por lo inquietante y lo profano. ¿Qué tramaban?

Sus desconocidos propósitos los motivaron aún más cuando una anciana hosca y antipática de rostro adusto, que acompañaba a los dos clanes, agitó sus alas de cuervo de entre la túnica de lino que portaba para dar paso al ritual que se avecinaba en aquella noche tenebrosa, invocando la influencia del planeta bajo el cual se colocaban.

Se trataba de Akasha, también conocida como "la proscrita" o "la areusa", una antigua instructora sobrenatural que sobrepasó todas las leyes y normas hasta que la expulsaron del Ínsola y la desterraron del propio reino de Tartaria, condenándola a vivir durante largos y oscuros años en el exilio.

Muchos podían asignarse un nombre o apodo de pesadilla, aquelarre o retrato del diablo, pero sólo alguien como Akasha era capaz de conseguir que suscitase un gran pavor. Ella era la personificación del miedo hecho carne y aquellos que se atrevían a pronunciar su nombre lo susurraban con temor, como si invocar su presencia pudiera traer la perdición sobre ellos.

Su aura oscura y su mirada penetrante eran suficientes para paralizar a cualquiera que se cruzara en su camino. No era solo su apariencia física, sino la sensación de malestar que emanaba de su ser, como si estuviera rodeada por una niebla de maldad que corrompía todo lo que tocaba.

Incluso entre los más feroces seguidores del caos y la destrucción, Akasha destacaba como un ser excepcionalmente temible. Su presencia eclipsaba a cualquier otro nombre o apodo de pesadilla, convirtiéndola en la encarnación misma del horror y la desesperación.

Ella, con su piel pálida como la luna, emanaba un aura de frialdad que helaba los corazones de aquellos que se atrevían a mirarla a los ojos, mostrando así la oscuridad de su alma y la profundidad de su poder. Había logrado convencer a los clanes para unirse en aquella noche, tejiendo su influencia con hilos de intriga y promesas de poder más allá de la comprensión mundana.

Había heredado las prácticas antiguas más oscuras y elevadas, siendo capaz de invocar las almas de los condenados que vagaban en el infierno, sufriendo un perpetuo tormento. Akasha pretendía usar su poder para arrastrar esas almas a su lado, obligándolas a servirle en su búsqueda de poder y dominio sobre el mundo de los mortales o para absorber su poder y llevar su maléfico plan a cabo. Su presencia era como un eclipse que oscurecía la esperanza y sembraba el terror en aquellos que osaban desafiarla.

El cuerpo de Yara se sintió constreñido ante aquel panorama, como si unos hilos de seda la estuvieran reteniendo. Sus jadeantes y pesadas respiraciones cesaron al percatarse de lo que estaba a punto de suceder, recordando vívidamente los ritos estudiados en las clases del Ínsola Firme. Era el rito del Invierno, el más antiguo rito primordial que prometía solsticio y primavera después de las nieves, bajo el eterno verdor, de la luz y de la música. Pero ahora, el ritual tomaría un cariz inicuo, perverso y ominoso. Era el siniestro rito nocturno que invocaba el alma atormentada de quien fuera sellada bajo secreto, en aquel lugar en el que se encontraban.

La poderosa daga de athame, utilizada como símbolo ancestral en las ceremonias más importantes de los antiguos meigas, emergió de una de las túnicas de la tríada, emanando una energía oscura y sobrecogedora. Con pasos firmes y decididos, la portadora de la daga se acercó a Yara, cuyos latidos se aceleraron ante la inminencia de lo que estaba por suceder. La portadora de la daga se acercó a Yara para agarrar su mano y hacerle un corte con su hoja afilada en su palma.

La portadora de la daga no dudó en llevarse la herida a los labios, bebiendo del flujo sanguíneo de Yara con una sed voraz, como si absorbiera no solo su sangre, sino también su esencia misma. El sabor metálico inundó su boca, descendiendo por su garganta con un regusto amargo y escalofriante, sellando así un pacto de sangre. Tras beber de ella como quien bebe de una copa de vino, hizo que cayeran al suelo seis gotas de su sangre para dar comienzo al ritual que consagraba un culto degradante.

—A la influencia de los astros, de los espíritus antiguos del bosque y guardianes de la magia. Sea transformada la sangre de la descendiente en la más propia, para que, por su virtud, sea atendido el pacto a fin de que los espíritus superiores atiendan mi llamada. Con este círculo sagrado y estas palabras de poder, abro las puertas donde convergen los mundos, en este lugar sagrado —dijo Elicia con una voz clara y firme, una de las tres hermanas de la tríada muthi, con su mano alzada direccionada al firmamento, mientras las seis gotas caían dentro del semicírculo del suelo.

Sin que fuera consciente, Yara tenía un papel fundamental en todo aquello. Sin saberlo, se encontraba en el epicentro de la vorágine de un macabro ritual, un engranaje vital en una maquinaria oscura y misteriosa, puesto que su sangre era necesaria para llevar a cabo tal procedimiento. Por ello, la habían golpeado y llevado hasta la cúpula, pues necesitaban sacarla de la residencia sin llamar la atención. Golpeada y arrastrada hasta la cúpula, Yara había sido conducida como una pieza clave en un juego siniestro, donde cada movimiento estaba meticulosamente calculado para mantenerla ajena a su verdadero papel en el oscuro tablero de la vida.

Un humo rojo, pálido y espeso, salió de su mano y descendió mientras el ritual había dado comienzo. Un olor a almizcle flotaba en el aire. Las llamas de las hogueras se avivaron de golpe sin necesidad de que hubiera fuertes vientos. Las palabras póstumas de invocación hicieron que, poco a poco, el humo se fuera aglutinando en el lugar, y tras él apareció la figura indistinta y espectral, asemejándose más a un ser inmaterial con cuerpo, que a una persona. Se trataba de alguien antiguo que se cernía sobre ellos. Yara dio un brusco sobresalto al verla. Era decadente, lóbrega y a la vez bella. Era el alma que estaba grabada indeleblemente en su memoria, de halo blanquecino, surgiendo de entre aquel humo. Las lágrimas bañaban aquel rostro que definitivamente debía ser el de Akila Puyé.

CAPÍTULO 7

"No hay corazón de hielo inmune a un abrazo honesto ni lobo que siempre gima en desespero. No hay sentimiento que no regrese con el paso del tiempo. Ni hambre que no sacie con un buen momento. No hay que sucumbir a la necesidad de los cielos devastados, ni al tormento de la verdad de un gris exacerbado. Hay anhelo de uno mismo de un ser triste desorientado porque hay seres que viven en un mundo encadenado".

El aura que Akila emanaba era notorio de un verdadero poder. El más poderoso que había sentido hasta la fecha. Era una manifestación de una fuerza primordial que trascendía lo conocido. Se sentía en el aire como una tormenta inminente, una presión palpable que oprimía los corazones de aquellos que se atrevían a acercarse demasiado. Era un poder tan intenso y abrumador que desafiaba toda comprensión, despertando el miedo ancestral que se escondía en lo más profundo de la psique de quienes la observaban. La antigua meiga, con su mirada penetrante, parecía haber convocado a las mismas fuerzas del inframundo para hacer su voluntad.

Suerte que no poseía escoba, como se solía decir de las meigas antiguas en los mitos y leyendas, porque de haberla tenido, más que un simple objeto, hubiera sido una extensión de su ser, una herramienta de terror forjada en las llamas del averno. Cada cerda, cada astilla de madera, hubieran resonado con el poder de sembrar pesadillas y desatar el caos en el mundo mortal. Sería como si cada vuelo dejara a su paso una estela de terror y desesperación, alimentando el fuego de la angustia en los corazones de aquellos que se cruzasen en su camino.

Era un momento confuso y discordante, en el que le era imposible reagrupar su mente dispersa. Yara sentía que había liberado el lamento animal de un alma atormentada por su pasado.

La respiración de Akila era agitada, volviéndose agónica, mientras sus manos le temblaban violentamente reflejando los conflictos y tormentos que la consumían desde lo más profundo de su ser. Los conflictos yacentes de su más íntima naturaleza germinaban mientras sufría. Sus ojos reflejaban el tormento de su alma, como estrellas en una noche turbulenta.

Akasha era conocedora de las historias que se contaban de los antiguos meigas y en especial de Akila. Se decía que era capaz de ejercer un poder formidable sobre los espíritus infernales, obedeciéndola en todos sus mandatos, llegando además a efectuar sorprendentes encantamientos. Akasha era poderosa y anhelaba tener aún más poder.

—Bienvenida seas, antigua diosa, amamantadora del cosmos, tanto de la materia como del espíritu—dijo Akasha mientras todos se postraban ante ella en señal de admiración, sumisión y respeto.

Era la hora del crepúsculo. Todos estaban envueltos en el aire que se iba volviendo cada vez más frío, volviéndose gélido y envolviendo a todos en su abrazo helado. Una atmósfera cargada de expectación y misterio impregnaba el ambiente, como si el propio crepúsculo trajera consigo secretos ancestrales y presagios inquietantes.

De repente, su alma mortificante la condujo a un abrupto cambio de carácter, tornándose en un monstruo enfadado y desorientado, aullando con un chillido estridente y terrorífico. Estaba llena de ira, lanzando gritos de espanto, buscando a quienes la habían asesinado entre los presentes o tal vez buscando a su hijo fallecido siglos atrás.

El espectro, empujada por la fuerza de los acontecimientos y arrojada por la perversa fatalidad de sus últimos momentos en vida, se abalanzó hacia la tríada con una ferocidad desatada. Su presencia era como la encarnación misma de la ira y el deseo de venganza, envuelta en un manto oscuro y lúgubre que ondeaba ominoso a su alrededor.

Con ojos encendidos en llamas de odio y desesperación, extendió sus manos como garras afiladas hacia las almas de las tres mujeres, dispuesta a arrancarlas de cuajo y devorarlas sin piedad. En aquel momento de furia desenfrenada, el espectro se convirtió en la personificación misma del horror, dispuesto a consumir todo a su paso en un festín de destrucción y desesperación. Akila se abalanzó sobre ellas para arrancarles una a una el alma y comérselos posteriormente, aniquilándolas en un momento de ira.

Los cuerpos sin alma yacían en el suelo con la boca abierta, rígidos, la cara pálida y los ojos fuera de órbita. Los cuerpos, ahora vacíos de vida y esencia, se tendían inertes sobre el suelo, como marionetas abandonadas por su titiritero. Sus bocas, abiertas en un grito silencioso de horror eterno, revelaban la última agonía que habían experimentado. La rigidez de sus miembros, como si hubieran sido petrificados por el terror, añadía una atmósfera de desolación y desamparo al escenario. La palidez de sus rostros era un eco macabro de la muerte que los había reclamado, mientras sus ojos, desencajados y sin vida, parecían buscar en vano una respuesta en el infinito vacío que los rodeaba.

Los druidas, temerosos por ser destruidos en un paroxismo de rabia, no quisieron esperar a ver qué pasaba y huyeron hasta desaparecer por completo tras abrir un portal mágico.

Sólo quedaban Akasha y Yara. Akasha estaba dispuesta a dar el paso de convertirse en muerto viviente, en una maga morlich, para aterrar el mundo hasta acabar con el último de los mundanos después de extraerle todo su poder a Akila, pero las cosas no estaban sucediendo según lo esperado y su oscura oportunidad había desaparecido. Akasha agitó sus alas con un aleteo poderoso y se elevó en el aire, desvaneciendo su forma mundana en un torbellino de plumas. Salió volando mientras se transformaba en cuervo y su túnica quedó abandonada en el vacío del cielo, descendiendo lentamente sobre la tierra.

Por alguna razón, al quedarse sola frente a ella, Yara no sintió ni un ápice de miedo. En lugar de eso, una extraña calma se apoderó de ella mientras enfrentaba la mirada enfurecida de Akila.

A pesar del aura de peligro que emanaba, la familiaridad de su rostro y el olor reconocible que impregnaba el aire, la envolvieron, anulando temporalmente cualquier rastro de temor en su interior. Sin embargo, esa aparente tranquilidad se vio eclipsada por la inquietante presencia espiritual que emanaba de Akila. Su espíritu escalofriante subyugó de nuevo al espíritu poderoso inicial, envolviéndola en una atmósfera más tranquila aunque oprimida.

El tiempo corría en su contra, cada segundo parecía un susurro ominoso mientras el semicírculo ritual se desvanecía ante sus ojos, ya que se había roto al arrebatarles la vida a la tríada. Akila, atormentada por una determinación feroz, se martirizaba, con una obstinación embrutecedora, con una piedra de obsidiana que brillaba misteriosamente como la luz de las estrellas en cada leve movimiento que su portador hacía.

El lucero del alba se eclipsó con el amanecer de un nuevo día, trayendo consigo la amenaza de la perdición eterna.

Con voz entrecortada por la urgencia, Akila le suplicó a Yara que encontrase la piedra, prometiéndole guiarla y brindarle apoyo para salvar su alma y encontrar la paz. En un último destello el humo se disipó por completo hasta hacerla desaparecer.

Akila desapareció ante sus ojos, dejando tras de sí un eco de desesperación y un aura de incertidumbre que se cernía sobre Yara como una sombra impenetrable.

En aquel momento, Yara se quedó completamente sola sin saber que hacer o cómo salir. Allá donde se encontraba, apenas veía un fondo claro; ninguna luz atravesaba la frondosa espesura, tan sólo una arboleda repleta de robles que se extendía hasta donde alcanzaba la mirada. Giraba y giraba sobre sí misma, intentando encontrar el camino de vuelta, recordando cómo los recortes que Eliot Sawyer le había enseñado, mostraban lo temerosamente fácil que era perderse en aquel bosque, cuando escuchó un ruido proveniente de unas piedras no muy lejanas.

El susto la acongojó. No sabía qué o quién podría salir de aquellas piedras, cualquier cosa podría suceder. No quería perderse para siempre, como les había ocurrido a otras personas, temía por ello.

Agarró la daga de athame de uno de los cuerpos sin vida para poder defenderse y decidió esconderse detrás del árbol más cercano, para observar agazapada sin que la vieran.

De repente, sintió vibrar el suelo, intensificándose por momentos. De las piedras comenzaron a salir una especie de seres enanos con forma humana en grupos muy numerosos. Uno detrás de otro, como si se tratara de un ejército. Resultaba difícil observarlos porque se mimetizaban con los colores de su entorno y apenas debían medir diez centímetros. Todos llevaban calzas ajustadas, chaquetas amplias con cinturón ancho, calzados blandos con las puntas respingadas y una especie de gorro frigio cuyo extremo caía al costado de la cabeza.

Sus rostros, aunque parecían humanos, tenían un aspecto tosco y hasta podría decirse que algo grandes; con mandíbulas prominentes, nariz ancha y achatada, ojos pequeños y hundidos, y frente amplia y abultada. Todos emitían un chirrido estridente que se repetía una y otra vez a su paso: "Stágoros". Aquel ejército de duendes acudió a recoger los mortecinos cuerpos de la tríada como hormigas en busca de pan, para evitar que ningún ser acudiese primero a deleitarse con el banquete de éstos.

Ellos, como muchos otros, se alimentaban de la carroña de la tierra. Yara no sabía qué podía significar, pero pudo tranquilizarse al intuir que no parecían ser peligrosos. Se preguntaba y debatía consigo misma si debía pararlos, decirles algo, preguntarles por una salida o incluso seguirles para intentar salir de la bizarra situación en la que se encontraba, pero la incertidumbre la paralizó.

En aquel momento, se dio cuenta de que en el seno del bosque habitaban las criaturas mágicas de las que tanto hablaban, siendo éstas más viejas que la misma humanidad. ¿Se encontraría con un shinigami como el del señor Karnayna? ¿Tal vez una naga? ¿Cómo de peligrosos podían llegar a ser? ¿Moriría tratando de salir del bosque o lograría que uno de ellos fuera su familiar?

Al mirar aquel majestuoso tronco en el que se encontraba agazapada, se dio cuenta de que bien podría haber sido el pilar que sujetara el cielo sobre la tierra. Tuvo la impresión de que aquel árbol estuviera vivo y de que quisiera hablar con ella.

Al mirar a su alrededor, se percató de que en el bosque, aparte de innumerables robles, proliferaban árboles exóticos, floridos y de maravilloso verdor, como un reino estático de fantasía. El maravilloso capricho del destino la había arrojado en ese entorno repleto de arboleda, donde pudo reconocer tres tipos distintivos a simple vista. El legendario y pequeño ashoka de hermoso follaje y flores fragantes, el simbólico y cabalístico sefirot y el inmenso yggdrasil, el enorme fresno con raíces que conectaban los mundos entre sí. Su asombro aumentó hasta lo inconcebible hasta que lo más inimaginable se dio lugar.

Yara, que se encontraba agazapada observando atentamente, viendo como se alejaban, una presencia la acechó por la espalda. Del susto, Yara terminó por caer al suelo.

—No temas —susurró una voz suave a su espalda.

No sabía cómo reaccionar en aquel momento. Aquella hipnótica presencia era la de una bella dama, de cabello rubio y alas, con una larga túnica que parecía el reflejo del celeste de una mañana donde se podía observar cómo se movían las nubes y una capa oscura que parecía reflejar una noche estrellada, alguna centelleando cuando se la miraba detenidamente.

—No temas —repitió la dama con serenidad—. Soy Anjana y he venido tras sentir una presencia maligna y forastera.

Yara giró la cabeza hacia el lugar donde se habían alejado los duendecillos, por si tenía que ponerse a gritar pidiendo auxilio.

—Esos rudimes sólo se alimentan de carroña —le dijo a sabiendas de lo que buscaba con la mirada—. Estoy aquí para limpiar la zona. Al igual que ellos.

Anjana comenzó a olfatear el aire, como si tratara de detectar algún rastro invisible y prosiguió.

—Habéis estado jugando con fuego. Aún puedo oler la oscuridad, pero ya se ha disipado. Deberías marcharte. ¡Este no es tu lugar! —exclamó de forma severa y tajante golpeando el suelo con el cetro de madera que llevaba en su mano derecha.

El cetro, estaba finamente ornamentado en su cúspide, con una corona de flores tan delicadamente talladas que parecían crecer de él. Anjana hizo que ambas se iluminasen con una luz muy brillante, provocando que brotaran ramas de entre los árboles. Las ramas se agitaron y extendieron, hasta agarrar y levantar por completo a Yara del suelo.

Tras ello, Anjana siguió su camino, dejando a Yara atrás confundida, por lo que ella, sin saber qué hacer, asustada, decidió sentarse de nuevo para tomar aliento y reflexionar.

De repente, el majestuoso tronco en el que se encontraba decidió moverse para mostrarle el camino. Se trataba de un ent, un árbol viviente con una forma toscamente humanoide. Tras unos momentos de indecisión, decidió seguir la dirección señalada. El camino se veía directo a simple vista, pero en realidad se curvaba muy lentamente, formando una espiral de sutil ascendencia.

Un instinto de supervivencia, salvaje y desesperado, puro y duro, discurrió por el inquieto revoltijo que bullía en su cerebro. ¿Alguien del Ínsola notaría su ausencia? ¿Pensarían que se trataba de una fuga más o tratarían de iniciar su búsqueda? ¿Alguien acudiría en su ayuda?

Al alejarse, un suave calor penetró en su interior, sintiendo cómo la sangre empezaba a circular por las arterias y borboteaba de manera extraña, avivando el latir frenético de su corazón y agitando sus sentidos con una intensidad desconocida.

El paraje, antes tranquilo, comenzó a brotar en algo oscuro, con una turbiedad impropia jamás vista, en un paisaje distorsionado por una malevolencia que no parecía pertenecer a este mundo.

Desesperada por comprender la extensión de esta pesadilla, Yara quiso encaramarse en la cima de un pequeño montículo, intentando calibrar la extensión de aquel lugar inexplicable, buscando algo de claridad en medio del caos creciente. Una vez se subió al montículo, las sendas de lápidas comenzaron a abrirse ante ella como fauces voraces. Las sendas formaban filas interminables de dientes afilados en la boca de una bestia hambrienta, a la vez que una tenebrosa nubosidad.

Unos venenosos manantiales alimentaban un caudal tumultuoso y horrible de las negras aguas de los estanques donde flotaban las cabezas decapitadas de unos cancerberos, perros de tres cabezas. Yara se sintió contagiada del terror que parecía acechar en todas las sombras sin saber qué hacer.

Un escalofrío de terror recorrió su espalda, infectándola con la misma angustia que parecía emerger de cada sombra. Al mirar aquel entorno y en medio de la confusión, suscitó una idea estrafalaria por su mente, propia de alguien íntimamente familiarizada con aquel espacio macabro, tal como lo estaría Akila.

Con el corazón latiendo desbocado en su pecho y un sudor gélido corría por su frente, Yara se enfrentaba al estanque con una mezcla de terror y determinación. Cada paso hacia adelante era una lucha mientras sus pies se hundían en las aguas oscuras y espesas, como si estuviera adentrándose en las mismas profundidades del infierno. Mientras se adentraba en las aguas negras de aquel estanque tratando de esquivar las cadavéricas cabezas de los cancerberos, con cada paso, el terror se intensificaba, como si las sombras mismas conspiraran contra su cordura.

Cuando el agua le cubría hasta la cabeza, amenazando con devorarla por completo, escuchó un rumor siniestro resonar de las profundidades del agua, anunciando la llegada de algo o de alguien.

De repente, tres ondinas surgieron desde la más profunda oscuridad, agarrándola con fuerza y arrastrándola hacia las profundidades con una ferocidad implacable. Al tragársela el agua, el pánico se apoderó de ella, convenciéndola de que había llegado su hora final, pero la voz de Akila resurgió en su mente para tranquilizarla.

Una luz titilante comenzó a distorsionar la atmósfera de aquel vacío mientras las ninfas acuáticas la sumergían cada vez más y más, hasta adentrarse en una especie de túnel acuático de angustiosas curvas y giros interminables, donde los ángulos se multiplicaban.

Un dolor lacerante y la falta de aliento le impedían respirar cuando obtuvo unas escamas ilusorias por debajo de su piel y unas branquias en su pecho, permitiéndole respirar en las profundidades abismales como si fuera su nuevo hogar. Se desprendió del miedo, sintiendo que podía caminar libremente como si estuviera en la tierra hasta que, por fin, tras una eternidad de agonía, emergieron del túnel hacia la superficie, devolviéndola al mundo terrenal con una sensación de alivio mezclada con un temor persistente.

El lugar era otro y la hora era distinta. Ya no retrocedería. Con un susurro apenas audible, Yara emergió lentamente de las profundidades del estanque, envuelta en la delicada luz de la luna que danzaba sobre las aguas ahora teñidas de un ámbar brillante. La oscuridad de la noche la abrazaba con sus garras frías, mientras las estrellas centelleaban como diamantes en el vasto lienzo del cielo nocturno. En ese momento, se sentía como una fuerza de la naturaleza, un ser imbuido de la misma magia que envolvía aquel lugar prohibido.

La luna, ahora próxima al cenit, brillaba de forma extraña y vívida sobre los colosales peldaños que circundaban a los árboles de aquella masa forestal. Los árboles, recubiertos de liquen, transmitían la extraña y amenazadora sensación de consciencia, ramas como dedos flexionados, agujeros como bocas, ramas sinuosas profusamente entrelazadas y de ellas, salieron sus pequeños habitantes a curiosear. Eran cientos o miles. De apariencia adorable y semitransparentes, con un brillo de color verde pálido o blancuzco y de carácter pacífico y tranquilo, creando un ambiente mágico e inigualable, creando un plano lejos del bien y el mal tal y como los mortales lo concebían. Eran los espíritus del bosque. Los kodamas.

Yara salió del agua sacando fuerzas de flaqueza para continuar su desesperada travesía. Al salir del agua, el terreno que la bordeaba cambió drásticamente. Al dar un paso al frente, notó que traspasaba una especie de cortina, un velo que bordeaba el bosque, como si se tratara de un mundo paralelo, porque al mirar nuevamente, el bosque había cambiado por completo.

Al cruzar aquella capa, pudo ver un súbito cambio, un escenario con un brillo grotesco, violento y negruzco, cuya mera existencia representaba un insulto a la cordura. Su corazón frenético temblaba de miedo mientras contemplaba el ambiente demoníaco y mientras, se impregnaba de aquel olor que emergía de entre la hojarasca, un perfume enmohecido, oxidado, al punto de la descomposición. Un olor a quemado. Una enorme extensión de bosque estaba devorada por las llamas sofocadas. Tal vez un virulento incendio redujera aquello a la mínima expresión. Se podían observar los restos carbonizados de diversas criaturas retorcidas por el insufrible dolor que les condujo a una horripilante muerte. Además, había charcos de unas ácidas aguas espumosas y borboteantes.

Incesantes imágenes variadas y confusas le enfebrecieron los ojos por el terror hasta confeccionar una sola. Era un enorme tronco cortado a la mitad, cuyo frondoso enramado quemado y raíces carcomidas se cerraban con una enorme boca de piedra en su centro, siendo ésta la entrada de una cueva. Parecía susurrar un siniestro llamado desde las profundidades de su interior.

Cuando se adentró, creyó haber escapado momentáneamente del aura impura que rodeaba el entorno de afuera, hasta que un enorme dragón rojo de ocho cabezas y ocho colas agitó su cuerpo pigmeo de forma grotesca. Aquel dragón tenía un cuerpo imponente y musculoso, unas alas membranosas que se extendían majestuosamente a cada lado, con sus cabezas coronadas por una cresta de espinas afiladas y unos ojos brillantes con una inteligencia antigua y penetrante. Además, sus colas eran largas y flexibles, terminando en una punta afilada que podía partir rocas de un solo golpe. Se había adentrado en el nido del dragón de fuego legendario, tal vez del mismo dragón de Orochi del que las leyendas hablaban.

Lo cierto era que, al adentrarse, había despertado a aquel ser enfurecido de hambre cósmica. Las gruesas arrugas se extendían sobre sus gigantescas cabezas y duras escamas. Debía actuar con rapidez, pues podía ser aplastada como una hoja o quemada como un cochinillo en una barbacoa. Era un ser monstruoso, temible y feroz que no dejaba de lanzar unas abrasadoras llamas rojas y brillantes.

—¿Dónde estás cuando más te necesito? —le gritó a la nada suplicando, mientras temblaba, por la ayuda que no parecía llegar de Akila.

Akila reapareció en su mente, dándole indicaciones claras. Debía usar la daga de athame que llevaba consigo para hacer brotar de nuevo su sangre e invocar a «Joyeuse», la espada de Carlomagno. Yara así lo hizo, experimentando para hallar la forma de detener al dragón y eludir la muerte. Una luz emanó de su pecho y de él brotaron las raíces de un Taxus baccata. Las raíces crecieron hasta golpear el suelo al pronunciar las palabras mágicas y hacer que de éste emergiera la espada. "*Sylphar draconis aloritha*".

A Yara le temblaban las piernas con sólo pensar que tendría que blandirla. Apenas podría soportar su peso, pensó mientras el enorme dragón de fuego se le acercaba. Yara sacó el coraje suficiente para agarrarla y tirar de ella hasta sacarla por completo del suelo, pero antes de que tan siquiera pudiera suceder, el dragón de ocho cabezas y ocho colas se postró ante ella. Así, sin más. Sin necesidad de lucha. Sin tener que entrar a batallar y morir en combate. Al tocar la espada, algo se accionó dentro de su ser, apaciguando su ira, convirtiendo al terrible ser en un ser sumiso, carente de cualquier emoción discernible. Había sobrevivido de un modo milagroso.

Se decía que los dragones, como el temible dragón de Orochi, eran considerados guardianes de la tierra y protectores de aquellos que eran dignos de su confianza. Como posiblemente de Akila con su conjuro, que invocaba su presencia y establecía una conexión espiritual con él o de aquel que portó a «Joyeuse» siglos atrás. Se decía, además, que podían otorgar bendiciones a aquellos que mostraban valentía y coraje, y que eran aliados poderosos en tiempos de necesidad.

La voz de Akila la había salvado y ésta, la instó a continuar a adentrarse aún más en las profundidades de la cueva, dejando atrás al dragón, que nuevamente había entrado en un plácido y placentero sueño.

Cada paso resonaba como un eco, mientras se sumergía más y más en la oscuridad de las profundidades huecas y subterráneas de la cueva, donde las sombras danzaban como espectros hambrientos y los susurros del viento parecían ser sus únicos compañeros en aquella peligrosa travesía.

El temor amenazaba con paralizarla, pero Yara, con un gesto de su mano, conjuró un sencillo hechizo y una luz parpadeante se materializó en forma de una antorcha, iluminando las paredes abovedadas ante ella y los corredores de pasadizos estrechos, disipando las sombras que se cernían en cada rincón de la cueva. Con cada paso, la luz de la antorcha se convertía en su guía, junto a la seguridad que le daba Akila.

Más al fondo, en una zona húmeda y repleta de estalactitas, encontró un receptáculo tachonado en piedras preciosas.

Era una cajita de madera de cedro, cubierta de placas de oro, enriquecida y engastada de diamantes y otras piedras, como el zafiro, la amatista, la turmalina o el jaspe.

Al tocarla, notó cómo una de las piedras brillaba con una fuerza misteriosa con cada leve movimiento que hacía. Era imposible mirarla sin quedar deslumbrada. Sin lugar a dudas debía tratarse de la milenaria piedra de obsidiana, cuyo fulgor oscuro parecía emanar un poder ancestral. Esta, por excelencia, se trataba de una piedra espiritual, un talismán de vidrio volcánico con forma pendular y color negro, capaz de curar la corrupción de la materia. Una gema catalizadora con un alto poder energético y una pureza inimaginable. Además, el recipiente poseía ciertos caracteres jeroglíficos, grabados con un arte admirable. Tenía una cruz de caravaca tallada y unas letras enigmáticas esculpidas que decían: «*Abara barbarica bordon cabradu brabarsaba*»

Al leer en voz alta aquellas palabras, algo se accionó en el interior de Yara, desencadenando la visión de la vida de sus antepasados. Se sumergió en la dura existencia de Akila, breve pero intensa, descubriendo que Akila había tenido un hijo secreto. La revelación golpeó a Yara como un rayo, sintiendo el peso de la verdad ancestral sobre sus hombros. El destino había tejido una red de intrigas y secretos, y ahora Yara se encontraba enredada en sus hilos. Aquel hijo secreto, huérfano y adoptado por uno de los verdugos de su madre, formaba parte de su legado, representado en el apellido que ella llevaba. Krammer.

Con Aleyster se había perdido la tradición y la cultura que tenían arraigada las generaciones anteriores, dando paso a las generaciones venideras, que notaban ser diferentes al resto, pero que nunca lograron aprender a sacar su potencial. Incluso, llegando a enfermar a algunos de sus descendientes, sumidos en la incomprensión de un legado que se desvaneció con el tiempo.

Generaciones perdidas de un enorme poder hasta llegar al año 1966, con el nacimiento de su madre biológica, Miren, la cual nació con el don de la visión y aprendió el arte del tarot, intentando formarse a sí misma como vidente sin lograrlo por completo debido a su complejidad sin los recursos y la formación necesaria, cayendo presa de la locura.

Además, la tragedia había marcado el destino de Akila de forma indeleble. Tras dar a luz en secreto a un bebé que no logró sobrevivir, empleó todo su poder para intentar devolverle a la vida. Este acto desesperado la dejó debilitada, sin la fuerza suficiente para enfrentarse a la turba de campesinos que la acusaban de brujería, persiguiéndola por el bosque hasta darle caza.

Al recitar aquellas palabras, además, accionó un encantamiento en la fría piedra que los rodeaba, autorizando al portador del talismán a acceder a las puertas que estuvieran cerradas para abrirse a su llamamiento.

El conjuro resonó en la penumbra, y con un destello místico, la pared de piedra se desvaneció ante él, revelando el umbral hacia lo desconocido. Tras recitar el conjuro pudo atravesar la pared, sintiendo la tensión palpable en el aire mientras avanzaba hacia su destino desconocido, viajando de aquel mundo onírico que apenas conocía hasta cruzar el otro lado de la pared y aparecer en la cámara secreta del Ínsola Firme.

CAPÍTULO 8

*"¿Verdad, mentira, certeza, incertidumbre, son iguales? Se levantó
y, por sistema antiguo, una pierna hizo moverse a la otra creando
un movimiento casi perfecto e innato y siguió caminando. Y en
cada paso que daba, cada momento era otro y la hora era distinta.
Ya no retrocedería. La vida a cada instante ya no sería la misma.
Entonces comprendió que eso, era ser real".*

Atravesó aquel muro hasta salir por una de las paredes del Ínsola Firme, ubicándose ésta en la cámara secreta del ala oeste. En ella, terribles hallazgos fueron revelados de forma insólita. Sus ojos salieron de órbita al ver lo que se hallaba en ella y, perpleja por las atroces imágenes, dejó escapar un horrible grito primitivo.

El pestilente y penetrante hedor cubría toda la cámara. Olía a muerte, a descomposición, a sangre. Yara jadeó desesperadamente por oxígeno, temblorosa, dándose media vuelta, arrinconándose contra la pared, tratando de regresar de nuevo a la cueva, para ignorar y omitir lo que ocultaba el interior de la cámara y tratar de olvidarlo. No era posible.

Aquel portal se había cerrado para siempre, y pese a portar y disponer del poder de la piedra mágica, sin los conocimientos necesarios sería imposible.

Taquicardias, mareos, agitación, sudores, hiperventilación... Yara se encontraba en medio de un ataque de ansiedad, deseando que se la tragara la tierra y saliera de allí. Aquello no podía estar pasando. No. Aquello no podía ser real. ¿Dónde estaba Akila? ¿Estaría infectada con alguna ensoñación incurable? ¿Estaba sumida en una profunda pesadilla horripilante?

Sin darse la vuelta y pegada a la pared, comenzó a sentir unas profundas y nauseabundas arcadas. Cada bocanada era una tortura para sus sentidos por el hedor pegajoso de aquella cámara enfermiza que había encontrado su cavidad nasal hasta expulsar su bilis y finalmente, ensuciando el suelo. Su vómito no era lo único que podía verse allí. Todo era atroz y repulsivo.

La cámara secreta era más bien la cámara del pecado. De los horrores. Producía un miedo amorfo, penetrante, mucho más intenso que el que pudiera causar un espectro o un dragón. Era la parte más intensa y tangible del temor imperecedero.

Yara conocía la existencia de un centro de producción de alimentos para los seres sobrenaturales del Ínsola. Sabía que había quienes alguna vez saciaban su sed de sangre con algún sacrificio humano, pero aquello, aquello superaba con creces cualquier acto vil y despiadado.

La cámara estaba repleta de seres humanos. Hombres y mujeres. Mundanos encadenados, desnudos, temblorosos, muchos atados boca abajo, desde el techo, o enlatados en pequeñas jaulas. Atados para que las extremidades se tensaran y que la sangre colectiva saliera disparada o, simplemente, colgados de unos ganchos. Todos hacinados, horriblemente desfigurados, con una palidez cadavérica y escuálidos hasta notarse las costillas.

Todos torturados, esclavos, como gusanos pisoteados, azorados, confinados en aquel matadero. Atormentados por placer. Algunos, incluso, acostados en mesas, sin brazos, ni piernas, apilados. Detalles escabrosos de una exhibición repugnante. Era una guarida de deformidad, una tierra de espantosa miseria.

Eran como ratones moribundos que emitían estridentes gritos de agonía, exhaustos lamentos, retorciéndose en trampas insensibles, tratando de liberarse de sus ataduras sin éxito. Eran como carneros dando balidos broncos y lastimeros en un matadero. Animales inmundos. Cazados como quien va a un coto de caza. La boca de Yara estaba congelada y sin palabras entre aquel denso olor y aquel petrificante escenario. ¿Cómo podía existir un lugar así?

Asfixiados, hipotérmicos, ahogados en su propia sangre, despiezados vivos o a medio eviscerar. Mordeduras mortales que se enganchaban en el hueso. Hombros dislocados y dedos rotos. Huesos astillados con cada embestida bárbara. Lenguas cortadas y dientes rotos a martillazos. Llagas, ampollas. Carnes desmenuzadas o desgarradas por las tenazas que colgaban de la pared. Líquidos marrones llenos de desechos. Orín. Pus amarillento. Brechas considerables y hemorragias. Amputaciones. Lenguas temblorosas que golpeaban los dientes podridos. Globos oculares, uñas arrancadas y pedazos de cráneos esparcidos por el suelo.

Eran las postrimerías del ser humano. Algo estremecedor que le hacía temblar de respeto y de un pavor inimaginables. Pero lo peor, sin duda, se encontraba al fondo de aquella cámara, en la oscuridad. Era un hombre, con las costillas separadas de su columna vertebral y sus pulmones colgando, simbolizando un águila de sangre.

Aquello sólo podía ser la macabra obra del clan de los Caitiff, crueles vampiros llenos de ira y sedientos de sangre. Yara se posternó ante ellos, mentalmente exhausta, sin poder digerir la impactante situación en la que se encontraba, recordando cómo a uno del clan de los Caitiff le goteaba salsa de un color rojizo como el ketchup, de la comisura de sus labios, mientras comía un sándwich o incluso cómo comentaba con otros de su clan cómo de exigente era con su menú personalizado.

Aquella mortandad violenta era la viva imagen de la hecatombe. Era asfixiante. La zancada que traspasaba el umbral repleto de horror. Yara comprendió entonces por qué cuatro dragones custodiaban aquel lugar.

Era excesivo. Un secreto que gritaban a voces aquellos teatrales seres que a diario comían junto a ella con una sonrisa. Los humanos para ellos eran mera comida. Un juego. Su festín. Divirtiéndose a base del sufrimiento ajeno. De la tortura. Por la envidia de no poder llevar la misma vida que ellos. Ignorantes. Desdeñosos, arrogantes. Cínicos sardónicos hilarantes. Ellos eran los verdaderos monstruos. Asesinos. Despiadados y sin alma.

¿Qué era entonces aquel mundo mágico donde todos los seres convivían entre sí y junto a los mundanos? Era una mentira. Una ilusión. Hasta la misma Akila era perseguida por las historias llenas de horror. Seguramente no era tan víctima como todos pensaban. Todos eran ciegos seguidores de la magia negra. Eran oscuros. Engendrados en el mismísimo averno. ¿Qué era llevar una doble vida más que una oscura mentira? Ella no era así. Jamás. No se doblegaría ante algo semejante. Ella era mundana. Siempre lo había sido. El Ínsola Firme la había ayudado, salvado. Sin ellos estaba segura de que ni siquiera estaría viva. Estaba agradecida, pero no. No permitiría ser partícipe de aquella inmunda injusticia. Mirando hacia otro lado.

Tal vez Akila quería que lo viera con sus propios ojos. Algo oscuro que llevaba ocurriendo desde hacía siglos en Puckley Baciu. Para cerrar un círculo vicioso donde las almas perturbadas no podían descansar. Donde no existía un sepelio digno y donde era inviable restablecer el equilibrio.

Yara deseaba salir de ahí. No más magia. No más misterios. No más descendientes de antiguos meigas. No más nada.

Ella enfrentaba una encrucijada desgarradora, presenciando el sufrimiento palpable de aquellos que yacían moribundos ante sus ojos. Era consciente de que no podía ayudarlos a pesar de cómo en los ojos de aquellos moribundos veía una súplica. Un clamor por la liberación de un dolor insoportable. Pidiendo acabar con todo. Con su dolor. Para siempre. Yara conocía bien esa sensación, pero no podía. Aunque una voz en su interior le instaba a actuar, a poner fin al sufrimiento con un gesto final, se veía impotente para poder cruzar esa línea.

Yara conocía bien esa sensación, a pesar de que comenzaba a resurgir de los cimientos aplastantes que no la dejaron vivir. Sentía la presión de sus propios cimientos emocionales, amenazándola con sofocarla, recordándole su propia lucha interna y sus propios demonios. ¿Qué podía hacer ella por aquellos mundanos moribundos que se desvanecían lentamente ante sus ojos? ¿Cómo podía ofrecer consuelo cuando apenas podía hallar el suyo propio?

El peso de la responsabilidad se cernía sobre sus hombros, una carga que amenazaba con aplastarla bajo su peso abrumador. A pesar de su compasión y su deseo de aliviar el sufrimiento ajeno, se veía obligada a aceptar la realidad implacable. Estaban condenados. Se veía incapaz de rematarlos para así ponerle fin a su agonía. Jamás se lo perdonaría, pero eran insalvables. Eran víctimas de un destino inexorable. Ya estaban muertos. No había esperanza para ellos. Les quedaba poco para su fin.

Faltaba poco para cumplir el año de primera acogida en el Ínsola. Con ese aniversario, crecía la sensación de asfixia, la urgencia de escapar de aquel mundo encantado y macabro, y del velo que la separaba del mundo humano. Pronto le darían una plaza fija en algún lugar y esperaba irse de allí. Lejos del velo y del mundo mágico.

Anhelaba dejar atrás los poderes y las maravillas que solo traían consigo desdicha y desesperación. Yara ansiaba una salida, un respiro fuera de aquel laberinto de magia, de misterio y de dolor. No quería aprender a usar su poder y sus pensamientos, propios de los humanos y su humanidad, pues no le permitirían hacer progresos. Sabía que no pertenecía a aquel lugar, que sus pensamientos y sus habilidades humanas la limitaban en un mundo que exigía sacrificios.

La magia se le antojaba ahora como una carga, un fardo que arrastraría sin sentido. Ella sabía que quien quisiera dedicar su espíritu a las artes mágicas debería poseer una verdadera vocación, poniendo toda su voluntad en ello y Yara había perdido todo aquello. Desvanecido por completo. En aquella cámara.

El señor Karnayna apareció de la nada, teletransportándose de nuevo desde la torre de Tumma con una rapidez sorprendente, tras percibir y oler su regreso. Al verse, aún en shock, ambos cruzaron sus miradas como la primera vez que se vieron, pero con una profunda decepción, cierto arrepentimiento, vergüenza y preocupación.

Ambos, en sus miradas, cruzaron un temor compartido que cortaba como un cuchillo afilado. Ambos, sin necesidad de palabras, sabían que aquel encuentro marcaba el fin de algo irremediable. Era una despedida. No un quizás o un tal vez, sino un para siempre. No habría vuelta atrás. Era una despedida definitiva, sin margen para el retorno.

Líndel Karnayna, por primera y única vez, le ofreció olvidar todo lo sucedido con un reseteo de memoria, no obstante, Yara declinó su oferta. Quería recordar. Su dolor era todo cuanto tenía y recordar le ayudaría a no volver a bajar la guardia, a no tratar de volver a involucrarse en un mundo donde acechaban tales peligros y donde se regían por una inmersión plena hacia la oscuridad y las tinieblas. Yara sabía que el mundo mundano tampoco era ninguna panacea, pero quiso continuar siendo la dueña de sus propios recuerdos y vivencias.

Yara le pidió un último favor, con un tono de consternación, decepción, agonía y dolor. Envuelta en un odio amargo y cáustico. Era una súplica, la petición de sacarla de allí, de abandonar el mundo mágico y mandarla lejos, a un centro que únicamente fuera de mundanos, donde realmente se pudieran proteger a los menores.

Comprendiendo la inutilidad de nuevas tentativas, a sabiendas de que una disculpa no sería suficiente o de explicarle el porqué los seres mágicos debían calmar su sed de sangre con ciertas barbaries para evitar atrocidades de un calibre mucho más exorbitante, accedió entristecido y ese mismo día un halcón mensajero trajo una carta del reino. En tres días ingresaría en una nueva residencia de acogida, tutelada por el reino de Tartaria, llamada "El Porvenir" y ubicada en la capital del reino, Artifaria.

Yara pasó los tres días posteriores llorando desconsoladamente, traumada y abatida, pero convencida de que, dada la espantosa serie de tragedias que sobrevinieron de repente, era lo correcto. Además, la muerte de la tríada muthi, la aparición de Akasha, a la cual muchos temían, y la traición de los druidas dagdanos, habían convertido al Insola Firme en un lugar de repleto caos.

Aunque ignorantes de la mayor parte de los acontecimientos recientes, las noticias habían volado por todo el Insola, como estrellas fulgurantes. Como se solía decir: "Por mucho que corra el viento, cogen aliento en los más tristes instantes".

A pesar de que había seguido las indicaciones de Akila y había encontrado la milenaria piedra de obsidiana, la sensación de paz aún le era esquiva. Había una inquietante presencia en el aire, como si Akila aún no hubiera encontrado el descanso eterno que ansiaba. Esta verdad acechante agregaba un peso adicional a la atmósfera ya cargada de tensión.

Entre el caótico barullo, los murmullos y los incesantes cuchicheos de los sucesos, muchos quisieron pasar a despedirse, incluso seres residentes en otras plantas del Ínsola, que ni siquiera conocía, a sabiendas de que a todos les llegaba el momento de irse, tarde o temprano.

—Mantendremos el contacto —decía algún que otro ser con el que había mantenido una interacción regular, de diálogos livianos e intrascendentes sobre la magia.

Yara quería cerrar ese ciclo y, a pesar de que había seres cálidos y con buen fondo, los lazos que los unían no eran tan fuertes como para que la distancia no fuera un impedimento. Así era su vida, donde los seres y los mundanos llovían y se iban.

Uno de los instructores a los que poco pudo conocer, el señor Wippler, se acercó también para desearle una larga y próspera vida. El señor Wippler era el instructor de las artes de la evocación y del ensalmo. Una especie de curandero mundano de lo más peculiar, de apariencia desaliñada, filósofo y amante de la muerte. Era una especie de monje que seguía una mentalidad única, aunque guardaba similitudes con ciertos magos. Para él, no caminaban hacia la muerte sino hacia la vida. Era un amante de su doctrina.

Solía exponer cómo de necesario era prepararse para la muerte, pues aquellos que no estaban familiarizados con lo místico, no llegarían a ver la gran luz, como un estado trascendental de conciencia iluminada para llegar de nuevo a la vida, permaneciendo errantes, vagando perdidos sin ninguna salida, hasta volverse oscuros, peligrosos y más demoníacos que incluso los propios demonios.

Él, decía que aquellos que se perdían erraban por el mundo de forma continua, vagaban en un ciclo de ignorancia, cayendo en las tinieblas, sumiéndose en el sufrimiento y del que difícilmente pudiera haber salida, convirtiéndolos en espíritus hambrientos que moraban las profundidades esperando a tomar y poseer un cuerpo, como furias atormentadas y fuerzas negativas.

Yara era incapaz de imaginarse cómo podía haber algo aun más demoníaco que lo que había visto ya en el mundo real, sobre todo en los últimos días, incluso después de la misma muerte. La muerte para ella era un concepto de descanso y alivio.

El peculiar y extravagante señor Wippler se acercó a despedirse y le dijo:

—El que sabe lo que hay que hacer, vivirá confortablemente hasta en el infierno.

Aquellas palabras la dejaron inmersa en el pensamiento, recordando tiempos pretéritos, rememorando la única clase a la que pudo asistir. En ella, el señor Wippler se mostraba como un mundano sabio y revelador, mostrándoles a todos que el cuerpo físico tan sólo era un componente, el más denso de una serie de campos de energía.

El señor Wippler era un ser omnisciente, que mostraba una actitud crítica hasta traspasar los límites de todos los criterios de certeza. Él decía concentrarse hasta alcanzar una conexión para conocer y lograr una meta suprema, prestando especial atención a la fuerza y debilidad de la mente. Para él no existían límites. Aseguraba tener experiencias fuera del cuerpo, viajes en el tiempo, viajes astrales, telepatía y un sin fin de etcéteras y dones, como el tener una puerta oculta hacia otros universos.

A pesar de las similitudes que le unían a Sílfeno y Nemina, él era un simple mundano que decía provenir de un mundo donde podían encontrarse discípulos taciturnos, viviendo como ermitaños y donde no abundaban los discursos.

Afirmaba que se mandaban mensajes por el aire. Contaba que para poder llevar a cabo ese arte se debía ejercer un control perfecto sobre su espíritu, pudiendo concentrarse lo suficiente para emitir ondas de forma que se emitieran mensajes hasta quien quisiera recibirlos. Algo diferencial con Sílfeno y Nemina, que para hacer uso de la telepatía eran necesarias las pociones o la hechicería.

Aquel día y en aquella clase hizo una demostración, leyendo los pensamientos de muchos de los presentes, creando un caos lleno de impresionantes muecas y expresiones entre los más novicios.

¿Tenía acaso la magia una explicación científica? ¿Para qué tener tantos libros que disponían tal sabiduría y tal aprendizaje si la magia no tenía explicación? ¿Podía aquel curandero realmente sanar sin el poder del aura heka? Les mostró varios estudios alegando que la curación de los sanadores se había practicado durante miles de años por todo el mundo. En dichos estudios, se podía ver cómo eran respaldados como hechos verídicos, donde se había descubierto que, durante el proceso entre sanador y paciente, se producía el intercambio de una energía sutil y vital, de naturaleza magnética.

Otro estudio, demostraba que esa energía también podía estimular el crecimiento de las plantas o la curación de las heridas. Finalmente, les mostró investigaciones posteriores, donde se demostraba que las energías de los curanderos aumentaban los niveles de hemoglobina en los pacientes, lo mismo que aumentaba la clorofila en el agua contenida por las plantas, pudiendo llegar a sanar realmente.

Sin duda, la magia, con explicación o sin ella, poseía una infinidad de ramas, tantas que hasta costaba comprenderlas. Yara quería ponerle fin a un ciclo en el que había podido sentir y conocer su parte más oscura, obviando las enormes cualidades que hacían de ella algo atractivo, cautivador y extraordinario, pasando por alto la parte mágica que estaba encamada con el folclore, en la superstición, en la mitología y en los antiguos cuentos de viejas.

Yara quería ponerle fin a un ciclo, pero indudablemente se llevaría el recuerdo de todos ellos y todas las enseñanzas consigo, considerando esta época de transición, confusa, turbia a la vez que liberadora y útil.

CAPÍTULO 9

"Que me quemen las córneas, que me resquemen las pupilas. Ojos bien abiertos que observan con detenimiento la nada, en un lugar de desconcierto amargo, en un parón de tiempo, pero el tiempo pasa. Relajación, descanso. La mente suplica. El cuerpo niega a destajo mientras los párpados se resquebrajan. Que llegue el día y que el día pase. Que me desmaye. Y aunque de mis ojos veas salir infinitos hierros incandescentes y mi pecho reviente pariendo a la muerte, jamás renunciaré. Pues mi mundo lo he construido yo para mí y acabará cuando mi yo expire".

Las páginas del diario de Yara se desplegaron hasta mostrar un día cualquiera, titulado *"El principio del fin"*.

"Es de noche. Todos duermen. Oigo un ruido y me desvelo. Hay una rata bajo mi cama. Se ha puesto a roer la pared. Me mantengo inmóvil, haciendo caso omiso, tratando de dormirme de nuevo, pero escucho caer tierra de la pared. Es un ruido distinto. Me fijo en el sonido, me resulta familiar. Son las cochinillas que están en los huecos de la pared cayendo por los recovecos. Lo sé. Las he visto ya. Ahora son varios ruidos los que no me permiten dormir con fluidez. Me doy la vuelta hasta quedar boca arriba en la cama y abro el primer ojo. Suspiro. Entreabro el otro. Todo está oscuro. Cojo fuerzas y saco un pie de entre las mantas. Hace mucho frío. Es invierno y hay mucha humedad. Decido levantarme para encender la luz y buscar la rata. Poso los pies en el suelo descalza. Hay unas baldosas, pero no noto el frío. Mis pies se toparon con ropa que estaba ahí tirada. Doy el primer paso. Empiezo a notar el frío gélido de éstas. Me ensucio los pies de no haber barrido ni fregado en mucho tiempo, pero no me importa. Trato de palpar bajo la penumbra para guiarme. Me doy un golpe en la rodilla. ¡J****! Es el pico de la cama. Quiero gritar, pero no puedo. Suspiro mientras sollozo por dentro. Sigo palpando. Estoy cercada a la pared. Lo encuentro. Le doy al interruptor que está junto a la puerta. Noto una ceguera momentánea por el contraste. La vista se recupera. Ya puedo ver. Le doy un barrido visual a la habitación. Suspiro nuevamente. Miseria abatida, un arcón de madera al fondo se encuentra comido por las termitas. Podrido, y justo encima, una cuerda

atada de extremo a extremo donde la ropa cuelga a modo de armario improvisado. No hay puertas. Solo perchas colgadas que se sostienen con cordel. Desde la puerta veo el moho que habita por todas partes. Continúo echando un vistazo. Giro la cabeza, visualizando la lobreguez con la que convivo. La ventana está cerrada y las persianas bajadas. En ella veo insectos que no sé ni qué pueden ser. Uno parece un ciempiés. Una bruma habita en la casa. Algo tenebroso y fúnebre a la vez. Observo el final de la habitación. En cada rincón se alberga una gran dejadez. No hay ruidos. Todo se encuentra en calma desde que mi cuerpo, mi desvelo y mi soledad afligida se pusieron en pie. Busco, pero no hay rata. No hay nada. Se ha escondido hasta el último ser. Ellos son la mayor parte de mi compañía y ni siquiera ellos quieren verme. Me temen. Salgo de la habitación, descalza. Tengo una necesidad urgente y repentina. Mi vejiga parece explotar. Camino de puntillas. Temblorosa. No quiero sentir frío. No quiero hacer ruido. Frente a mi habitación habita la de mis padres o como ellos dicen llamarse. No tienen puerta, la habían quitado. Los veo. Escucho sus ronquidos de embriaguez. Voy con sigilo para no despertarlos. Sé de buena mano que si eso pasase, mi casi nula tranquilidad desaparecería. Los problemas llegarían y era lo último que me apetecía. Todo está oscuro, sombrío. Todos duermen. Nadie me ha visto. Continúo con inquietud por el pasillo, guiándome por la pared húmeda con mi mano. Palpando. La mano se me empapa de pintura. Pintura que gotea de ella. Tiene un color rojizo, sangre. Aún no veo mi mano, no veo nada, pero sé que está pintada. Puedo notarlo. Camino con rumor, siempre lo hago mirando hacia el suelo para no ver la cabeza del ciervo que tienen puesto como decoración colgada en la pared. Me horroriza. Camino hasta entrar en la cocina, de puntillas. Estoy mareada y me tiemblan las piernas. Me recompongo como puedo y continúo. Entro en la cocina, tampoco tiene puerta. No enciendo la luz. Veo las siluetas con la luz que incide de las farolas de la calle. Con eso me basta, estoy acostumbrada. Me fijo bien antes de continuar. No quiero tropezar con las sillas. Encima de la mesa distingo que aún permanece un vaso con el poso de vino y la botella vacía. Percibo el olor. Me provocan náuseas. Por fin el baño. Primera arcada. La pestilencia que llega me sobrepasa. Entro dentro. Las paredes están llenas de heces por todas partes. El hedor es muy fuerte. Insoportable e incalificable. Me acerco hasta el lavabo para enjuagarme las manos. Toco el grifo para abrirlo, pero me doy cuenta de la mano con pintura. Cambio de mano y abro el grifo, aunque me cuesta girarlo. Está oxidado. Suena un estruendo y una psicofonía fantasmal perturbadora. Son las cañerías viejas, así que no me extraño. Cojo la pastilla de jabón. Está casi acabada y llena de pelos. Algunos parecen púbicos. No hay otra cosa así que la agarro. Meto las manos en el agua. Está congelada y sale sucia. Agua turbia. Enmarronada. Trato de mirarme en el espejo mientras me enjuago, pero recuerdo que en casa no se permiten los espejos. Así que, mientras, miro al frente y contemplo los azulejos incompletos y rotos del baño. Se aprecia el cemento en su mayoría. Me pregunto qué pinta tendré en ese momento. ¿Cuál será mi aspecto? ¿Cómo sería mi reacción si pudiese verme, aunque fuera en un simple reflejo? Sé que estoy mal. Me encuentro mal desde hace ya mucho tiempo. Recapacito y niego con la cabeza, aunque nadie pueda verme. Termino y cierro el grifo. Veo una única toalla con la que poder secarme. Está tirada en el suelo. Lleva meses ahí. Sucia y mojada. Aun así, la agarro, me seco y la dejo donde estaba. Se me presenta el mayor reto. Quiero orinar. No aguanto más. Tengo infección. Tengo sangre. El dolor es insoportable. No quiero miccionar ahí. Todo es por culpa de este sitio. Siento asco. Intento no tocar el wc porque está lleno de orín y heces por todas partes. Me da mucho asco, pero es lo que hay. Me concentro para irme lo más rápido posible. Sangro mientras me dan arcadas. El hedor es excesivo. Tremendo. Aquí no existe la higiene. Termino. Al menos hay papel higiénico. Una lágrima de dolor salta de entre mis mejillas. Duele. Tiemblo. Salgo de allí lo más rápido posible. El hedor y la humedad hacen que me cueste respirar. Cada día más. Hay un vaho bajo la penumbra de esta casa. Noto los pulmones oprimidos. Me noto débil. Me cuesta caminar. Vuelvo a oscuras a mi cuarto. Mismo modus operandi. Paso por la cocina de nuevo. Recuerdo que hace 3 días que no como nada. Tan sólo cacao con leche. Ese líquido es el que hace que siga con vida. Tengo una comida cada 3 días. Entre 3 y 4 días es lo normal. ¿Normal para quién? Para mí. Es lo único que se me permite. Hoy me tocó comer. Sola, obviamente, y haciendo el más mínimo ruido. El menú: Costillas asadas. Calcinadas. No pude comerlas, aunque lo intenté. Joder que si lo intenté. Lloré de rabia. De impotencia. No había carne que poder comer. Aún me sabe la boca a ceniza de intentarlo. Las miraba fijamente, pensando en el sabor que tienen, que suelen tener, recordando. Tampoco tenían nada que las acompañase, patatas, salsa, algo en que rebañar. Nada. Tan sólo unos trozos completamente negros, desapacibles piedras que se desvanecían entre cenizas al tocarlas. Lloraba en silencio para que nadie me oyese hasta que, finalmente, desistí. No pude comer nada. Otro día más que estaría en ayuna constante. Ahora me esperaba otra tanda de días hasta poder volver a ingerir algo. Muchas veces pasaba eso mismo, recuerdo mientras camino hacia mi cuarto. Llegaba un día en el que tocaba algo de comida y aunque de forma desesperada y hambrienta lo intentase con lo que se suponía que era comida que tenía en mis manos, justo delante, volvía a la cama entre lágrimas con el estómago aún más hambriento y vacío que antes. Ya no le hacía caso al rugido hambriento de mis tripas. Me doy cuenta de que ya no sobrevivo ni subsisto. Estoy muerta en vida. Vuelvo hacia mi habitación. Abatida, sin fuerzas. Luchando por mantener el equilibrio. Me mareo. Me paro un instante para tomar aliento. Mis piernas tiemblan. Recobro mi compostura y sigo. Por fin llego. Estoy cansada, aunque no he hecho nada en todo el día. Me acuesto para acurrucarme. Posición fetal. Tengo mucho frío. Noto mi palidez aun sin poder verla. Me tapo y meto las manos entre las piernas para darme calor, pero me doy cuenta de que, aunque esté con las piernas juntas y dobladas, la delgadez es tan extrema que, aun teniendo las manos metidas, el hueco que rige entre ellas es tal que no sirve de nada. Cierro los ojos. Intento no pensar, pero no puedo. Las tripas emiten un rugido tremendo. Intento evadirme y dormirme, pero no puedo. Tumbada en la cama recuerdo la última vez que viví una situación similar. Aquella antes de que me salvasen, antes de que me sacasen de aquella otra casa, cuando en aquellos días tan sólo pesaba treinta y cuatro kg. Sé que peso algo más ahora mismo. Pienso. Recuerdo que con ese peso y la anemia que sufría no sólo se me caía el pelo, también las uñas e incluso yo misma me caía al suelo al intentar mantenerme en pie. Mis piernas no podían soportar mi propio peso. Aún no había llegado a ese punto. Pero sí he llegado al de no querer vivir. Al de la rendición total. No hay agonía. Ya no hay desesperación. No lucho por tener otra vida. Ya no hay nada. Más que la oscuridad en aquel vacío, viendo pasar los días. Perdida. Sin saber bien si es de noche o de día o en qué mes estamos. Ya no hay ilusión por ninguna cosa. Un túnel oscuro hacia la nada absoluta. La inexistencia en mi propia existencia, con la carencia y la privación de todo, camino hacia ninguna parte. No recordaba la última vez que me había dado el aire fresco en la cara. Llevaba meses encerrada y mi deseo era no volver a despertarme, pero mi yo interior aún permanecía. Lloraba casi todo el día. Todos los días eran iguales y mi vida había dejado de tener sentido. Intento pensar. Pienso que saldré de esto. Que es una época más, pero los días pasan de manera igual y nada cambia. Nada es distinto. Nunca saldré de aquí. Esto nunca acabará. Siempre encerrada. Maltratada. Las ganas de vivir se habían desvanecido hace ya tiempo atrás. Morir de inanición es más difícil de lo que parece. Pienso de nuevo. Pero vivir así no es vivir. Mi frustración es constante. No sé qué puedo hacer. No puedo hacer nada. La ansiedad aumenta mientras valoro la situación en la que me encuentro. Respiro hondo desde la cama. Intento calmarme, pero no puedo. Estoy muy cansada. Finalmente, me duermo entre lágrimas en silencio pensando cómo robar pastillas para dormir sin que se entere nadie. Calculaba cómo poder hacerlo. Terminaría con todo y nadie me echaría de menos. Planeaba, sí. Planeaba mi forma de suicidio".

Yara aún poseía una juventud temprana y latente. Tenía diecinueve años cuando escribió en su diario, habitando su hogar número veinticinco. De nuevo, había acabado siendo presa de los vínculos fatídicos, envuelta y sumida en un oscuro abismo. ¿Cómo podía ser que después de todo volviera a vivir bajo el mismo techo que sus progenitores?

Yara había pasado su adolescencia en Artifaria, en la capital del reino, mientras continuó sus estudios en "El liceo".

El Porvenir era un espacio más familiar, sin la masificación que presentaban enormes instalaciones como el Ínsola Firme y sin la magia. Se trataba de un piso de cuatro habitaciones para compartir entre seis residentes tutelados por el reino y una educadora social. Aquello era mucho más modesto y sencillo, sin catering ni lavandería, para que los residentes pudieran experimentar medidas de convivencia con el reparto de tareas cotidianas del hogar, con el fin de poder ser reinsertados en la sociedad en un futuro. Un futuro que debían esculpir basándose en las acciones de esa nueva autonomía.

Lo más llamativo de un lugar así, sin duda, eran los armarios. Aquellos muebles con puertas estaban exentos de cerraduras y candados. Era lo más aprensivo y temerario a los ojos de quienes llegaban de nuevas. A pesar de la gran confianza que suponía guardar las cosas en lugares propios de cualquier hogar, nadie estaba libre por completo de que, de tanto en tanto, alguna vez hubiera pertenencias que desaparecieran.

Al contrario que en el Ínsola Firme, donde era evidente la alta rotación de residentes, por ser una residencia de primera acogida, en El Porvenir, en cambio, se debía a los educadores. Los educadores debían afrontar una difícil realidad, ocupando el puesto de un cuidador interno y soportando las explosiones de cólera, la aparente indiferencia, las peleas, insultos, gritos o los destrozos del mobiliario a puñetazos y patadas de quienes no sabían expresarse con palabras. Además, el presupuesto para aquella "familia numerosa" era escaso. Aquellos menores eran mero trabajo del que no involucrarse demasiado y para muchos era una labor que no les rentaba. Y rentable, realmente no era, pero a pesar de los bajos recursos con los que disponían había quienes cuidaban de ellos.

Ailana y Yannik, por suerte, cuidaban de ella. Había ocasiones, incluso, en las que participaban en una recolecta con el resto del profesorado para poder comprarle la ropa que fuera necesitando. Ellos eran su luz. La encaminaban hacia una metamorfosis más sabia, más neutra y objetiva.

Ellos eran el rostro afable que fueron dejando una huella indeleble en su alma, enseñando conceptos tan básicos como la seguridad, la confianza, la autenticidad, el altruismo, la proactividad o la sabiduría, posibilitando que se pudiera convertir en una mejor versión de sí misma.

Lástima que hubiera personas proclives a sufrir, albergando en sí un espectro invisible que dejaba residir en la hipérbola emocional.

Para ella, los abrazos eran una especie protegida que sólo se admiraban desde lo lejos. A pesar de permitirse saborear la paz que anhelaba y una libertad insondable, en ocasiones, el pasado cobraba vida sin faltar ningún detalle y la leve claridad hacia la cual se dirigía, disminuía perceptiblemente.

Ella era las costillas de su recuerdo amargo. Estaba sedienta por descubrir, pero el abismo atraía de tal modo que ningún ser viviente se libraba de caer en él alguna vez, sobre todo, cuando reaparecía el halo blanquecino de Akila al cual ignoraba. Ella estaba sometida por sus volubles estados de ánimo.

En ocasiones había apagones en su luz, abrigándose con su enemigo interno que la laminaba. Aquello formaba parte de un complicado simbolismo que iba destinado a crear una atmósfera mental sin saber que su mente era su mayor enemigo.

A pesar de vivir lidiando con las pesadillas y dando empujones hacia la normalidad, su voluntad y su capacidad por vivir no solían estar en armonía, llegando incluso a creer que ambas le eran infieles y vagabundeaban a su antojo.

En momentos de soledad y silencio, empezó a ser consciente de que caminaba por la vida como si le faltara algo, experimentando un vacío dentro de ella. Su baja autoestima la convertía en alguien vulnerable, impulsada a comportarse de forma rígida y excesivamente autocrítica y cabizbaja. Eso le hizo pagar caro los honorarios de su descaro. Empujada a transitar por círculos infernales, ahogaba sus penas en alcohol. Bebía para divertirse, dejando de lado su forma de ser más tímida y cohibida, sacando su lado más extrovertido, efusivo y desinhibido, para después convertirse en la perfecta protagonista de un martes de resaca. Pero sobre todo, bebía para olvidar. Sus padres, la cámara secreta, la magia, los hombres de negro que de vez en cuando la vigilaban, Akila, El Deineca… Era la única forma que conocía para evadirse y poner freno a esa lavadora centrifugando que tenía por mente.

Ella siempre había sido más de tropezar con piedras que de pasar por los aros, tratando de ser su propia bala y su propio disparo, lejos del victimismo y de las miradas que se depositaban en ella de lástima y compasión.

Ella prefería el quemazón del fuego, a un tacto rezumante de frialdad. Prefería comerse el duro suelo veinte veces y desgarrarse las manos mil veces para llegar una sola vez a la cima a escalar poco a poco, sin caer nunca pero sin llegar jamás. Prefería las cadenas a un bozal. Prefería probar cada sabor, aunque fuera amargo, que marchitarse sin haber saboreado la vida. Prefería probarlo todo a morir sin saber lo que le gustaba. Prefería ir por delante a hablar por la espalda. Prefería el tiempo, que podía escurrirse entre sus dedos como agua, al brillo efímero del dinero. Prefería ganarse las cosas a que se las dieran ya hechas. Prefería una noche oscura, sucia, turbulenta y bella, a un montón de días claros que no le dijeran nada. Prefería disfrutar de los pequeños placeres que podía aportar la misma vida. Una fiesta, un café, la soledad, buena compañía, las risas, el silencio, un buen paisaje o respirar.

Ella quería estar libre de contagios, de comentarios y de las películas que podían inventarse acerca de ella sin tan siquiera conocerla, triturando sus mentiras hasta hacérselas tragar.

Quería definirse como la actitud ante la vida, peleando, enfrentándose de cara y a sus circunstancias lejos de convertirse en el sucedáneo que en realidad no era, hasta que al fin aprendió a decir no. No, no y más no. Ya no quería, ya era. Nadando a contracorriente sin tener que complacer a nadie ni dar explicaciones. Tan cruda, tan de sangre, tan de hielo.

Yara pasó por muchos procesos para hacerse fuerte, aunque fuerte ya lo fuera, creando lo que definiría como resiliencia. Como pudo, a su manera, pero sin vacunarse contra la historia de sufrimiento que era capaz de infligirse a sí misma.

Había resultados fructíferos que se veían premiados por sus esfuerzos y había esfuerzos que se veían generados por el apoyo que percibía de su alrededor.

Como en la vida de cualquiera, Yara experimentaba los altibajos de ese sube y baja en una noria emocional, donde la mayor dificultad de aquellos que habían sufrido, era volver a creer en la gente y en sí mismos. Era complicado. Poseer un doctorado en masoquismo emocional y no concebir la vida sin sentir el dolor que le alimentaba sus vísceras en mitad del caos con el que se había acostumbrado a vivir.

Era complicado vivir en un mundo que requería realizar un lento trabajo de cicatrización sobre sus heridas. Heridas que seguramente jamás llegarían a sanar del todo. Lo más complicado, sin duda, era aprender a vivir con ellas. Las personas que habían conocido el sufrimiento, como ella, debían aprender a vivir con una brecha, un punto débil que podría reabrirse en cualquier momento.

La confección de sus emociones, siendo aún una esponja afectiva en desarrollo, impregnaron en Yara un temperamento, un estilo de comportamiento que era puesto a prueba en incesantes momentos que saturaban su vida cotidiana, sacando fuerzas de sus recursos internos. Y lo consiguió. Después de incontables pruebas y tribulaciones, consiguió salir adelante, hacer una vida medianamente normal y terminar los estudios.

Al cumplir la mayoría de edad, el día del mismo cumpleaños, el reino de Tartaria dejaba de hacerse cargo, emancipando al menor que tuviera tutelado. Yara conocía ese momento que todos temían. Esa fecha que dictaba un destino cruel y marcada por la expulsión de los jóvenes.

Había visto cómo el día de la mayoría de edad, el gran día, dejaban a muchos con las maletas en la calle, dejándolos a su suerte, desprotegidos. Desprovistos, sin dinero, ni ahorros, ni lugar a donde ir. Eran considerados adultos, libres y listos para continuar su camino sin más ayuda que la que pudieran generar ellos mismos. Nadie les preparaba para un momento así, por ello, cumplir años no era motivo de alegría, sino de un acercamiento más estrecho a un futuro incierto. Su porvenir.

Yara finalizó los estudios básicos y quiso continuar cultivando una preparación más especializada, en una universidad del reino, pero la educación superior no era para todos y no todos podían acceder a ella. No todos tenían las mismas oportunidades. A pesar de que no la echaron en su cumpleaños, al poco de finalizar sus estudios comenzaron a presionarla para que se fuera. Y así tuvo que hacerlo, en aras de descubrir y conocer lo que estaba inédito en su vida o de un incierto. Qué complejidad eso de irse de un lugar con la maleta llena de ganas de quedarse.

De la noche a la mañana, pasó de ser una joven prometedora a convertirse en adulta por la fuerza, sin nada ni nadie, para acabar convirtiéndose en un despojo humano y parásito social. Como de costumbre, las personas de su alrededor llovían y se iban.

Muchos llevan la maleta a cuestas, viajando por trabajo o por placer. Para Yara, en cambio, suponía un quiebre total. Sin dinero ni trabajo, se vio excluida de un sistema que los expulsaba a la mayoría de edad y del que difícilmente podrían volver a insertarse, en un reino donde las oportunidades para las clases preparadas eran escasas y donde la clase media era cada vez más pobre.

Sin herramientas ni esperanzas de avanzar, trató de obtener su primer desempeño como adulta en sociedad. Encontrar trabajo. Por desgracia, para alguien sin experiencia previa de ningún tipo, se convirtió en una problemática que no supo resolver, viéndose obligada a aceptar los trabajos más precarios y abusivos por necesidad, sin asegurarle esto un sustento para poder sobrevivir.

Finalmente, la calle fue el último escalón de una escalera vertiginosa y descendente al que una persona podía llegar, por lo que, sin ni siquiera buscarlo ni quererlo, acabó retomando relación con su familia.

En un principio, fue acogida por una de sus hermanastras, la mayor, la cual había tenido problemas con las drogas y que continuaba teniendo, obligando a Yara a darle el poco dinero que ganaba para sus vicios y convirtiendo la convivencia en la forma menos viable de salir adelante. Así pues, antes de verse completamente descarriada, bajo los peldaños de la estratificación social, acudió a ver a sus padres biológicos, por petición de su hermanastra.

Dicen que ninguna herida es un destino, pero Yara, parecía estar destinada a reabrir sus heridas para revivirlas de forma continuada, con sus tortuosas ataduras familiares.

La casa que había abandonado para irse al Ínsola Firme, al centro mágico de protección de menores, ya no era su hogar. Los innumerables préstamos bancarios que Miren había solicitado bajo engaños habían hecho que, tras varias cuotas de una espiral desencadenada de impagos, el reino de Tartaria terminase por embargarles la propiedad, siendo desahuciados. La tragedia de perderlo todo se cernía sobre Yara, como una sombra implacable que devoraba cada rincón de su vida.

Yara terminó por mudarse a la nueva casa donde residían, tras la insistencia de su madre, invitando a comenzar desde cero, sin ser consciente de que aquella invitación era un billete de entrada al mismo averno. Ella aún no era consciente de que lo peor de necesitar ayuda estando herida era el olor a sangre que desprendía, y que ante tal situación, las hienas serían las primeras en acudir a su rescate. Apenas parecía que había dado comienzo su vida, comenzando a aprender a ser, resurgiendo de los cimientos aplastantes que no la dejaron vivir en el pasado, pero, como muchos otros menores que eran olvidados tras cumplir la mayoría de edad, se vio obligada a dejar atrás todo su esfuerzo y su progreso.

En un inicio, sus padres parecían ser más comprensivos y quisieron ayudarla a buscar empleo, dándole algo de dinero para imprimir su currículum o coger el transporte público para entregarlos en mano a las empresas que fuera viendo con falta de personal.

Aquella nueva versión desconocida aunque afable de familia no tardó en descarrilar. Las ideas delirantes y conductas extrañas cuya fuerza maníaca fue en aumento, en un crescendo ensordecedor, contaminaron de nuevo el ambiente.

Para cuando quiso darse cuenta, Yara vivía sumida en un encarcelamiento psicológico del que no tenía escapatoria y, mientras tanto, a medida que el tiempo pasaba sin ejercitar su poder mágico, su aura heka se iba debilitando hasta el punto en el que las apariciones de Akila terminaron por desaparecer.

CAPÍTULO 10

"Caminante errante del síndrome del tango eterno. Residuos oxidados de un pasado que se extingue devorado por el paso del tiempo. ¡Que se vaya al cementerio a ver lo que es el mundo en un palmo de terreno! En marcha está nuestro periplo. Espejo de la intemperie transportando el infinito, conjurando la vida como creación, convocando el propio vértigo y arrastrándolo consigo mismo".

Las ojeras ennegrecían sus ojos, su piel lucía cansada, pálida y deteriorada. Algunos jóvenes curiosos pudieron llegar a verla para después referirse a ella como "la muerta". Sus ojos estaban irritados con algunas vetas rojas a causa del insomnio que la agobiaba. A su vez, se sentía consternada, con los nervios destrozados ante el insidioso maltrato, sin ni siquiera poder recordar cuántas noches había pasado, tiritando, con el rugir de su estómago, los párpados hinchados, lágrimas en los ojos y miedo en el corazón.

Poseía un envilecedor sentimiento de desesperación, comprimiendo el aire hasta asfixiarla. Era incapaz de concentrarse, sintiendo que sus pensamientos estaban paralizados y que no avanzaban. Estaba confinada, en la penumbra, en el polo más opuesto a un lugar idílico y bucólico.

Sabía que había tenido un hambre horrorosa, pero su memoria no evocaba ya la enorme tenaza helada del hambre cuando regresó con sus padres y, por desgracia, no era consciente de que en el mundo había gente que siempre daba señales claras sobre el papel que querían dar en su vida, desde un inicio. Desgraciadamente, Yara tuvo que ser testigo del despertar de los vestigios del pasado, haciendo resurgir los acontecimientos que consideraba casi enterrados.

Sentía vergüenza de sí misma, viendo cómo el mundo avanzaba mientras ella se había estancado de nuevo, como dócil sirviente que había vendido su alma a cambio de una estabilidad ilusoria. Se consumía en la vergüenza, observando cómo el mundo seguía adelante mientras ella se quedaba atrás, inmóvil como una estatua de sal en medio de la vorágine del progreso. Vergüenza de haber sido víctima y martirizándose por serlo de nuevo, como adicto que recae en la adicción después de pasar por un largo periodo de rehabilitación.

Se sentía atrapada en un ciclo de estancamiento. Cada fibra de su ser se retorcía en agonía, torturándose con el recuerdo de su propia debilidad, como el eco doloroso de su propia impotencia y una sombra constante que la perseguía, recordándole que la vida continuaba sin esperar a los rezagados.

Sentía que su cuerpo se volvía más y más pesado a causa de la tristeza, la hambruna, la soledad y los insultos hacia ella, golpeándole constantemente el cerebro. Tenía la incertidumbre y la sensación de no entender lo que pasaba, arrebatando cualquier percepción de control o capacidad de respuesta, siendo el sentimiento más ansiógeno de experimentar para ella.

Era una sensación claustrofóbica, como si estuviera atrapada en un laberinto sin salida, sin saber qué paso tomar para escapar de la vórtice de desesperación que la consumía.

Era incapaz de comprender cómo había sido capaz de verse cara a cara con un dragón, el posiblemente temible dragón de Orochi, logrando sacar la fuerza necesaria para luchar por su vida y no ser capaz de lidiar con aquellos mundanos que la hacían el ser más infeliz sobre la faz de la tierra. Ella pudiera haber tenido el corazón saliendo a golpes por su ominosa camiseta o su estómago trenzado como una soga, que nada le sería tan relevante o la descompondría tanto como su relación y su vida con ellos.

Por la rutina de sus padres, lograba saber cuándo era o no de noche, pero no porque viera la luz del sol. No era la luz del sol la que marcaba el paso del tiempo para ella, sino la cadencia predecible de las acciones de sus progenitores. Cada amanecer se deslizaba en la oscuridad opresiva de su mundo, mientras que el anochecer traía consigo una sensación de alivio momentáneo, un respiro fugaz en la prisión de su existencia. Era como vivir en un eterno crepúsculo, donde la única certeza era la persistencia de su propia desdicha.

En ocasiones, por las noches, con mucho sigilo, conseguía acceder a un armario donde su padre guardaba enormes tazones repletos de monedas de escaso valor. Se guardó alguna tratando de recaudar algo de dinero para poder huir, pero tras las dos primeras monedas, Tano comenzó a verter a diario aquellos enormes tazones en la mesa, junto a su brick de vino, para contarlas una a una y saber si le faltaba alguna.

Era imposible, ¿a dónde acudir sin dinero y viviendo en un pueblo con escasos comercios alejado de la civilización? ¿A quién recurrir? ¿A quién podría pedir ayuda en un lugar donde la esperanza parecía tan distante como las estrellas en el cielo nocturno?

La idea de pedir ayuda le resultaba abrumadora, casi insoportable. Desde pequeña le habían inculcado que era un signo de debilidad, una muestra de inferioridad, una humillación para su orgullo. El temor al rechazo la atenazaba, creando una gran inseguridad ante la posibilidad de recibir una negativa. ¿Cómo enfrentarse al mundo cuando te sientes tan vulnerable?

La carga de sus propias expectativas y responsabilidades la aplastaba, convirtiéndola en su peor enemiga. Había aprendido que debía ser capaz de manejarlo todo por su cuenta, que pedir ayuda era sinónimo de fracaso y dependencia. Pero la realidad la abofeteaba con la crudeza de su desamparo.

Acudir nuevamente a sus padres solo le había traído más decepción y vergüenza, alimentando su sensación de aislamiento y soledad. Se sentía como una carga para los demás, como un lastre que nadie querría llevar consigo. Los muros de su mente se cerraban a su alrededor, sepultándola en un abismo de desesperación.

Yara vivía en un lugar que se parecía a un caracol, a una telaraña, a un laberinto y en su plano interior, se convertía en un espacio en blanco, un vacío, una omisión y un callejón sin salida.

No tenía móvil con el que poder mandar mensajes o hacer llamadas. No tenía internet con el que buscar empleo. No tenía higiene ni un pedazo de pan que dar a un racimo. Ni siquiera libros o televisión. Necesitaba urgentemente vitamina D de dinero, pero sin los recursos más básicos no existía ninguna posibilidad. Las esperanzas mermaban con el paso del tiempo hasta convertir su lamento opaco en un túnel sin salida.

Tras ser domada por aquellos jueces y verdugos sádicos, se convirtió en el gemido de un condenado. Yara comenzó a volverse indiferente, un ser desesperanzado en el que se aunaba la angustia, automatizada, tratando de no pensar y de despejar la idea persistente de suicidio.

Trataba de recordar al shinigami y al Sr. Karnayna sacando un papiro y una pluma levitante con el fin de firmar un acuerdo, donde el punto primero era: "Respetar la vida aun en las más profundas depresiones", pero, ¿cómo respetarla en ese estado? —se preguntaba ella—. Había excavado esas profundas depresiones hasta tocar fondo.

Todo le fatigaba y en todo veía aspectos negativos o dificultades. La desesperación la había hecho presa estando indefensa y era incapaz de hacer frente a la irresistible fuerza que la apresaba. Algo se había esfumado de su ser, algo insustancial, pero totalmente necesario para su existencia. Todo era una desilusión tras otra hasta perder el norte y el rumbo. Todo era incierto, penumbroso, delirante y maquiavélico. Incluso estando sola, tenía visiones de su padre gritándole en un estupor de borrachera junto a su madre, con los ojos inyectados en sangre y enloquecidos, flotando ambos en un aura diabólica.

Cada recuerdo era como un puñal clavado en su corazón, cada pensamiento una llaga abierta que nunca sanaría. El dolor se había convertido en su compañero más fiel, un testigo silencioso de sus noches de insomnio y sus días de angustia. La esperanza se había desvanecido, como una vela consumida por la oscuridad, dejando tras de sí un rastro de desesperación y desolación.

La vida había dejado de tener sentido, siendo un sobrante en ella, barajando quitarse la vida, no porque realmente quisiera morir, sino porque era la única manera que veía de mermar su sufrimiento. Era cómo el que se aferraba a la muerte como a un frágil hilo de escape. Una vía de escape del interminable sufrimiento que la consumía.

Tras un exhaustivo procedimiento de recolecta de somníferos, quiso proceder a ponerle fin a todo, con las pocas fuerzas que le quedaban. En el momento en el que se dispuso a hacer la primera toma, se cercioró de que dos borrosas sombras habían aparecido en su cuarto. En un primer instante, pensó que podría tratarse de Akila, para tratar de disuadir o para despedirse, pero, tras unos segundos de mareos intentando descubrir lo que había tras las sombras que vagamente podía ver, se dio cuenta de quien, en carne y hueso, estaba allí, junto a ella.

—¿Eres tú? —le preguntó a la sombra con una voz que inducía a pensar que pudiera ser su último hálito de vida.

—Vamos, levanta —le respondió mientras se le acercaba.

Aunque no pudo reconocer a la segunda sombra, que permaneció estática al fondo, pudo entrever con cierta claridad al señor Karnayna mientras se le acercaba. ¡Qué vergüenza! —pensó ella—. Largos años debieron pasar para que ambos volvieran a verse las caras. Y en qué circunstancias.

Yara comenzó a verse envuelta en un profundo ataque de ansiedad, con el pecho comprimido, taquicardias y una falta considerable de aire. La situación era compleja.

—¡Vete! Yo ya ni siquiera pertenezco a tu mundo.

—He vivido mucho más que tú —le dijo— y te puedo asegurar que sé cómo te sientes. Yo también me abandoné largo tiempo y por eso no dejaré que continúes con esta insensatez.

Yara, con su zarrapastroso aspecto, daba la impresión de que fuera a quebrarse lo que quedaba de su debilitado físico, hasta que en un momento dado un espasmo le obligó a llevarse las manos a los ojos y precipitarse hacia él, poniendo la cabeza entre sus brazos y sollozando como si fuera a rompérsele el corazón.

—La vida puede parecer una dimensión oscura y aterradora, y desde su trasfondo se asoman indicios demoníacos que la vuelven aún más espantosa en ocasiones. Sin embargo, en cada encuentro de nuestra existencia trágica, existe la posibilidad de otro destino, pues sólo los mitos tejen relatos deterministas. En el mundo real, ya sea humano o mágico, cada encuentro tiene múltiples caminos posibles, y en todos ellos se experimenta el sufrimiento de alguna manera... Sé que hay familias donde el sufrimiento parece más intenso que en un campo de exterminio, y que hay heridas indefinibles e invisibles que duelen más que las visibles, llevando a todos a una procesión en silencio por dentro. También sé que los humanos parecéis figuritas de porcelana, incapaces de sobrevivir a los golpes inherentes e intrínsecos ante el hecho de estar vivos, pero que en realidad, sois mucho más fuertes de lo que creéis... Sé lo que es enfrentarse a la soledad en los momentos más difíciles y actuar como si no se necesitara a nadie.

»También sé lo que es rodearse de apóstoles del positivismo y bustos parlantes de sonrisa perenne cuando se está mal, y entiendo que la indiferencia a menudo no es una elección, sino una necesidad... Sé que el dolor es la letra pequeña de la propia vida y que la felicidad es cuestión de pequeños instantes. Sé que hay existencias que no se sostienen en un simple deseo, y que la tentación de la anestesia puede parecer una solución para mitigar el sufrimiento, pero en realidad, sólo aletarga vuestro modo de ser humanos.

»Es importante entender que salir del círculo en el que te encuentras depende únicamente de ti. El malestar que sientes en tu interior no desaparecerá cuando las cosas mejoren, si es que alguna vez llegan a ir. Si no le haces frente, sólo se agravará y te causará cada vez más insatisfacción y sufrimiento. Perdona un error, pero no permitas que la maldad de tu familia te arrastre con ellos. Enfrenta tus demonios para intentar mejorar lo que ocurre en tu vida. Recuerda que siempre has sido un ser sin lugar, sin brújula ni territorio, así que ten claro que huir no es de cobardes si de lo que escapas es de aquello que no quieres ser. A veces, correr es de valientes. ¡Tú tienes el poder de elegir tu destino y de superar cualquier obstáculo que se interponga en tu camino!

Era increíble. Sobrecogedor. Un gesto sin precedentes. Y pensar que aquel ghoul que llevaba siglos dándose buenos banquetes comiendo humanos la estaba consolando de aquella manera tan profunda como nadie nunca lo había hecho.

—Además, recuerda que sellamos un trato donde prometiste respetar la vida. Esos pactos son inquebrantables.

Yara sentía como si, en determinados momentos, contemplase visiones de los años transcurridos a su alrededor, mientras que otras veces, pareciera que el presente se difuminaba en un punto aislado dentro de una palidez informe e infinita, donde el tiempo se convertía en algo incierto y su propia identidad pareciera escabullirse.

Ella no era capaz de aceptar aquello que era la causa de su sufrimiento. Su tortuosa familia. Después de tantos años seguía luchando por aceptar la cruel verdad: su propia familia era el origen de su dolor más profundo. Una vez más, debía abandonarla para sobrevivir e irse de la mano de un ser que esperaba no tener que volver a ver.

¿Podría ser capaz de volver a vivir en un mundo mágico lleno de seres tenebrosos y malignos? ¿Podría obviar su conocimiento sobre la cámara secreta y la experiencia vivida años atrás? ¿Sería capaz de recomponerse o acabaría poniendo fin a su tortuosa vida?

CAPÍTULO 11

"Sube. Cabalga conmigo mi sueño. Hay gasolina para ir, no para volver. Cuando lleguemos, haremos señales con mi cristal desafiando al sol, haciéndole cerrar los ojos con su reflejo. Sonreiremos y allá donde estemos comenzará el mundo y tras nosotros, donde nace nuestra espalda, el camino se hará pared".

Yara se teletransportó con el señor Karnayna y Byakko, la segunda sombra, a Sorginkeria, una ciudad montañosa y portuaria cercana a Artifaria y a Puckley Baciu. Sorginkeria era una ciudad iluminada por el sol de poniente, despidiendo destellos rojizos hacia el norte desde su horizonte.

Una ciudad en un continuo tejer y destejer de hilos urdidos por los agentes y los acontecimientos históricos, con un espacio rural circundante, constituido por pequeñas aldeas y caserías dispersas, que formaban su alfoz. Una ciudad repleta de edificios de tejados inmemoriales y enmarañadas redes de callejuelas que conservaban los restos de una época tartaro romana, con su antiguo barrio de pescadores.

Al contrario que en Artifaria, la capital del reino, en Sorginkeria podían verse todo tipo de seres mágicos, tanto voladores como terrestres, atravesando las mundanas calles sin que estos pudieran siquiera percatarse.

Sorginkeria parecía ser un lugar mágico y vibrante donde los seres mágicos convivían de alguna manera con los mundanos. Las calles estaban llenas de magia y maravillas, fusionando lo sobrenatural con lo cotidiano de una manera ciertamente armoniosa. La ciudad, además, estaba conectada a otros reinos y lugares mágicos mediante portales. Estos portales permitían a los seres mágicos viajar entre los reinos y enriquecer la vida de la ciudad con influencias de diferentes culturas mágicas.

En ocasiones, podían verse extraordinarios aurónidos patrullando la ciudad por las noches. Este ser mágico, cuya apariencia era una combinación única de elementos naturales y energía cósmica, despertaba la curiosidad y el asombro de todos los que tenían el privilegio de verlo. Los aurónidos, tenían un cuerpo etéreo, formados por una neblina iridiscente que brillaba con todos los colores del arcoíris. Su forma era cambiante y fluida, como si estuviera constantemente en movimiento, y emanaba una sensación de serenidad y calma a su alrededor. Sus ojos, dos brillantes esferas de luz, reflejaban el vasto cosmos que habitaban dentro de ellos. A medida que se movían, dejaban a su paso estelas de chispas luminosas que danzaban en el aire, como estrellas fugaces en una noche despejada. Aunque su forma era etérea, su presencia era perfectamente tangible, y aquellos que lo encontraban sentían una sensación de conexión con el universo mismo.

En Sorginkeria, también podían encontrarse las huellas de un dracohuella, una criatura majestuosa con alas grandes que se asemejaban a las hojas de los árboles en otoño, cambiando de tonalidad con las estaciones. Lo más sorprendente del dracohuella, eran sus huellas. En lugar de dejar marcas comunes en la tierra, cada paso que daba creaba una onda de energía mágica que se extendía por el suelo, dejando una marca resplandeciente que brillaba en la oscuridad. Sin duda, la diversidad mágica tejía una red que unía a la ciudad en un tapiz único y extraordinario.

En Sorginkeria había mercados llenos de puestos que ofrecían objetos mágicos, pociones, artefactos encantados e ingredientes poco comunes y raros. Los aromas de hierbas místicas y la luz parpadeante de pequeños objetos encantados llenaban el aire.

Algunos edificios de la ciudad eran testigos de siglos de historia mágica, como el antiguo barrio de pescadores. Los arquitectos mágicos colaboraron para crear estructuras únicas, fusionando la estética de los mundanos con elementos mágicos. Algunos edificios tenían encantamientos que cambiaban su forma o color con el tiempo, mientras que otros brillaban con luz propia.

Yara se teletransportó al interior de una VMPR (vivienda mágica protegida por el reino), junto al señor Karnayna y Byakko, un hechicero de la edad de Yara que recientemente se había convertido en ghoul por accidente. En la VMPR convivían varios miembros de la comunidad mágica y animales mágicos insólitos.

Tanto Byakko como el señor Karnayna desaparecieron para ir a la torre de Tumma, no sin antes encargarse de que Yara pudiera descansar en una habitación vacía bajo la supervisión médica de una imponente y poderosa elfa.

Ella era Idril, una elegante elfa de orejas puntiagudas que se erguían con gracia sobre su cabeza. Sus ojos grises brillaban con una luz similar a la de las estrellas en una noche despejada, reflejando la sabiduría y la profundidad de su alma. Su piel era de un tono pálido y translúcido, como la porcelana, otorgándole una apariencia misteriosa. Su cabello era de un plateado resplandeciente, tan suave como el lino y tan brillante como la luna llena. irradiaba una mezcla única de misterio y calidez.

Su presencia exudaba una aura de sabiduría ancestral y una profunda conexión con lo espiritual. Con ojos avispados que parecían escudriñar el alma de quienes la rodeaban, emanaba una sensación de serenidad y confianza. Su vestimenta, adornada con símbolos antiguos y colores vibrantes, reflejaba su profundo vínculo con la magia y lo esotérico, mientras que su porte elegante y seguro revelaba una determinación inquebrantable. Aunque enigmática, su voz resonaba con un tono cálido y acogedor, capaz de envolver a los demás en un aura de tranquilidad y confianza. Con una sonrisa enigmática, se acercó a Yara, como si estuviera lista para compartir sus conocimientos y experiencias con quienes estuvieran dispuestos a escuchar.

Cada movimiento suyo era fluido y armonioso, como si estuviera en sintonía con la naturaleza misma.

La elfa se encargó de Yara durante los días posteriores, haciendo uso de habilidades mágicas que parecieron surgir de lo más profundo de su ser. Con el uso de su magia curativa, tanto física como psíquica, sanó su cuerpo como un bálsamo reconfortante que la envolvía. Ella se convirtió en su ancla, en aquellos días que siguieron.

Idril no solo era una sanadora experta, sino también una presencia imponente, intimidante y enigmática. Su carisma innato atraía a aquellos que la rodeaban, mientras que su elegancia gélida imponía respeto y admiración. Su fría manera de decir las cosas y sus palabras, directas y a veces cortantes, estaban imbuidas de una sabiduría ancestral y una comprensión profunda del mundo que las hacía aún más impactantes.

—Imagino que piensas que la vida te ha tratado mal, que no merece la pena seguir sufriendo, que este mundo es un infierno y que es mejor salir huyendo. Te quejas de tus desgracias, de tu mala suerte, aunque no mueves un solo dedo para cambiar el devenir de los acontecimientos. Prefieres quejarte a actuar, rendirte a luchar.

—No es eso —respondió Yara, postrada en la cama sin apenas energía y con lágrimas brotando a borbotones—. Por más que pruebo a hacer cosas de maneras distintas esperando un efecto distinto, siempre acabo inmersa en la misma mierda.

—La mayoría de los humanos no tenéis ninguna filosofía de vida. Pasáis vuestros días persiguiendo placeres temporales y evitando las incomodidades, así que admiro a quien lo intenta aunque fracase. La cuestión es, que no sabes que el arte de vivir tiene más que ver con el combate que con el baile. Para los humanos, la propia vida es una enfermedad terminal, pero teméis a la muerte en lugar de temer a no haber vivido nunca. ¿De qué sirve vivir bien si no has vivido mucho? De la misma manera, una vida mal vivida habrá sido corta, independientemente de su duración. ¿No crees?

Mientras ambas hablaban, una mujer de estampado místico, con una sobrefalda negra y un corsé, se asomó por la puerta para unirse a la conversación.

—No entiendo por qué no has pasado por una tanda de encantamientos desmemorizantes, pero podemos arreglarlo en un santiamén —le dijo la mujer a Yara.

—Basta, Aidyn. El líder del clan Ghilan dejó bien claro que no se llevaría a cabo el procedimiento —le respondió tajantemente Idril.

—Entonces dime, chica, ¿qué infortunios te han llevado hasta aquí? —Indagó Aidyn ya dentro de la habitación y sentada en una silla, con ansias de escuchar una buena interlocución.

—Bueno, pues... ya no sé si la propia vida o mi enfermiza y demente familia.

—¡Oh! —exclamó sonriente, esperando disfrutar con su trágica y nociva historia—. Ya veo, ¡enfermedades! —recalcó con fuerza y cierto hastío—. Hay enfermedades que son como un cáncer que no sólo destruye a quien la padece, sino también a sus familias. La mía también es un caos —suspiró y prosiguió—. En fin, puede que no sea la historia más compleja, espectacular y apasionante que se haya visto, pero cuéntanos.

Tras un rato dubitativa, Yara comenzó a contarles su historia vivida y cómo se sentía. Idril permaneció seria, escuchando. Aidyn, en cambio, había momentos en los que no lograba contener su risa, soltando risillas silenciosas.

—¿Qué tu madre hizo las maletas un domingo y dijo que iba al juzgado y a dormir en el calabozo? ¿Qué fregaba los azulejos del suelo con suavizante de la ropa? ¿Qué te iba a buscar al colegio en bata y con el mando de la televisión? ¿Qué se obsesionó con defecar porque se le olvidaba que había ido al baño y se tragaba tabletas enteras de laxantes y dejaba todo el baño repleto de mierda? —repetía Aidyn doblada de la risa.

Yara supuso que visto desde fuera llegaba a ser gracioso, por lo que lo comprendía, así que en lugar de contar las partes más oscuras, continuó con las que podrían tener un grado más jocoso.

—Una vez, llegó una carta del trabajo de mi padre, en pleno verano, y sin siquiera abrirla, mi madre dijo convencida que era del seguro de decesos que tenían contratado, invitándolos a una excursión en navidad.

Aidyn no dudó en soltar una carcajada.

—En otra, ella dijo que había ido al médico de cabecera a decirle que no iría conmigo ni a la vuelta de la esquina y que, en respuesta, el médico le dio una palmada en la espalda mientras le decía que ya era hora. También solía mirar de continuo un reloj de pared sin segundero y se inventaba la hora y los segundos. Si marcaban las dos y diez, ella decía que eran las siete y cuatro segundos. Ponía cuatro lavadoras al día con dos trapos de cocina, mientras toda la ropa sucia se quedaba sin lavar.

»Todas las noches se levantaba para pasarse unas dos o tres horas tirando de la cisterna del baño de continuo. Además, solía salir a las seis de la mañana para ir a comprar al supermercado, que no quedaba a más de trescientos metros y el cual abría a las nueve, porque decía que si no se le echaba el día encima. La realidad era que iba a emborracharse a los bares, a jugar a la tragaperras y a colocarse delante de la parada de los autobuses, para insultar a los transeúntes.

En ciertos instantes se detenía, sollozando, tosiendo y balbuceando con la voz de la agonía para seguidamente continuar:

—En ocasiones, me pasaba meses encerrada sin luz porque decían que gastaba. Aunque apenas tenían fotos de mi infancia, mi madre tenía dos fotos enmarcadas de mi ex novio, el cual había abusado de mí en reiteradas ocasiones, forzándome, y no había manera de quitarlas. Alguna vez, conseguí que alguna amiga me dejara algo de dinero, mantas o incluso me permitiese hacer uso de su ducha y mis padres, decían que me prostituía. Tenían tal convicción de ello, que muchas veces mi madre me despertaba de madrugada para obligarme a limpiar sus cosas, mientras me observaba con un cigarro en la boca y me insultaba, porque pensaba que había metido a alguien en la casa.

Poco a poco le fue dominando el espanto. Las gotas gruesas de sudor corrían por su cabello hasta bajar por su sien.

—De hecho, si se me ocurría salir por la puerta de casa, la cerraban con llave por dentro para que no entrase. Si se me ocurría ir a la cocina, mi madre comenzaba a gritar que le estaba envenenando su comida, aunque no la hubiera, y si llamaban al teléfono, contestaba angustiosa que la estaba amenazando de muerte. En realidad, era ella la que trataba de matarnos, dejaba el gas abierto y se iba, amenazaba con cuchillos o incluso, había conseguido unas gotas para el tratamiento del alcoholismo, que le solía servir a mi padre con cada copa de vino, haciendo que se pusiera malísimo. Otras veces, simplemente se disfrazaba para dar vueltas sobre sí misma mientras hablaba con la voz de su cabeza, tramando cómo matarme o, simplemente, al verme con vida, se dedicaba a dar terribles golpes a todo el mobiliario durante largas horas, como si fuera un animal rabioso, mientras gritaba que yo aún seguía viva.

»Si de los golpes, algo se rompiera, la culpa sería mía. Su voz también solía decirle que las pantuflas tenían micrófonos o directamente que yo era el diablo. Supongo, que esto es de lo más anecdótico que puedo contaros.

Yara las miró a ambas, pero ninguna se reía. Aquello ya no poseía ni un atisbo de gracia. Ellas la observaron, escrutando sus ojos vacíos, propios de una persona quebrantada. Eran unos ojos intrigantes pero aterradores, misteriosos y sinceros, llenos de humedad pero a la vez secos. Eran unos ojos que atraían como ningún otro, pero que aterrorizaban a aquellos que no estaban preparados para asomarse a sus abismos.

Yara continuó contando cómo el papel que tenía de hija se tornaba al de madre cuando conseguía obligar a Miren, a ser ingresada en un área psiquiátrica. Aquellos ingresos eran casi continuos, que de poco servían, porque a su regreso, todo recobraba la normalidad, una normalidad envuelta en locura, caos y pánico.

Los ingresos podían ser desde semanas hasta meses. Yara pasó tanto tiempo allí que comenzó a comprender por qué, de pequeña, siempre la dejaban abandonada entre desconocidos durante tanto tiempo.

Tano jamás fue a verla, ni siquiera una sola vez. En cambio, Yara se veía obligada a ocuparse de las tareas del hogar en ausencia de su madre, cuidando de él, cuya visión degenerativa lo estaba llevando lentamente a la ceguera total, sumiéndolo aún más en el alcohol. Además, también debía acudir a ver a su madre, a llevarle los enseres que fuera necesitando.

Cada visita al psiquiátrico era un recordatorio doloroso de la fragilidad de la mente humana y de las devastadoras consecuencias de las enfermedades mentales. Encontraba a Miren completamente dopada, con la mirada ida y con la baba deslizándose por su barbilla, incapaz de hablar o moverse. Otras veces, la encontraba atada con una camisa de fuerza, viendo sus ojos vacíos reflejando una confusión y angustia insondables, luchando contra los demonios invisibles que la atormentaban.

Además, en aquel área de psiquiatría, Yara se encontraba con personajes que parecían sacados de sus peores pesadillas o de películas de ciencia ficción. Pacientes en plenas psicosis vagaban por los pasillos, murmurando palabras incoherentes y lanzando miradas llenas de terror y paranoia. Uno de ellos, un hombre mayor con delirios de guerra, gritaba consignas militares mientras marchaba en círculos, convencido de que aún se encontraba en el campo de batalla.

Yara trataba de mantenerse a flote aunque rebasada, acudiendo al lugar y cumpliendo con sus obligaciones, con la tez pálida, las piernas temblorosas y una anemia atroz. A pesar de todo, lograba conseguir algo de comida gracias a su hermanastra, quien le proporcionaba algo de sustento en medio de la desesperación y el caos que reinaba en su vida, a cambio de favores.

—Pero, ¿tu padre no te daba nada de nada cuando Miren no estaba en casa?

—No, él era incluso más cruel que ella. Él hacía una única comida al día y la hacía fuera, en el bar. Además, como ambos estaban tan convencidos de que me prostituía, según ellos no necesitaba dinero ni nada que se pudiera comprar con él.

—Para que luego digan que nosotros somos los monstruos —agregó Aidyn mientras miraba fijamente a la elfa.

Los días transcurrieron con rapidez y la VMPR no tardó en convertirse en un lugar abarrotado de curiosos integrantes de la comunidad mágica, con cientos de preguntas y cierto temor.

"¿Cómo se te ocurre traerla aquí?" —Le preguntaba un miembro a Líndel Karnayna, que se encontraba allí para calmar el revuelo—. "¿Qué haremos ahora?" —preguntó otro—. "¡Debemos unir nuestras fuerzas y luchar!". "¡No!, ¡mejor huyamos mientras podamos!". "¿Huir? ¿A dónde? ¡Todo el reino está en peligro!".

Sus voces hacían tremolar el viento y sus conciencias trepidar la tierra. Todos discutían mientras Yara podía escuchar desde lo lejos, dentro de la habitación, mientras trataba de comprender el revuelo que ocurría en la vivienda. En cuanto escuchó que el temor provenía del regreso de Akasha, la proscrita, no dudó en echarle valor e ir a ver al resto de miembros.

Yara, que se encontraba en la segunda planta de la vivienda, bajó por las chirriantes escaleras, avanzando afligida pero decidida, y en cuanto su cara pudo presentarse ante el resto, todos quedaron perplejos, incrédulos y atónitos, con las miradas llenas de sospechas y conjeturas, por un instante.

"¿Qué os enseñan en el Insola Firme? ¡Debiste matarla cuando tuviste ocasión!". "¿Esta es la herencia que dejaron los antiguos meigas?". "¿En serio todos dependemos de la vida de esta enclenque pusilánime?". "¿Me explica alguien de nuevo por qué Akasha necesita a esta medio-mundana para llevar a cabo sus planes?".

Aunque Líndel había sido capaz de aglutinar a los seres más únicos, poderosos y dispares, todo se estaba descontrolando, siendo víctimas de una misteriosa tensión de suma gravedad. Reinaba un ambiente tenso. Algunos estaban nerviosos, pero a su vez intrigados. Yara no sabía bien qué decir, sintiéndose abrumada y atacada por todas aquellas miradas, apuntando hacia ella con preocupación.

De repente, una volva del clan Volur, experta en la magia adivinatoria, muy similar a su ya conocida Hildora Danforth, quiso poner fin al bullicio, al acalorado ambiente repleto de especulaciones y ataques, dejando claro que la magia sólo surgía en seres excepcionales.

—Ha llegado la hora de que comparta con vosotros mi visión del futuro que nos aguarda si no tomamos medidas urgentes.

La volva habló y habló, sobre que se cernía algo maléfico y horrible, sobre que Akasha había regresado acompañada y más fuerte que nunca para al fin robar el poder de Akila Puyé. Hablaba de cosas que sonaban como algo oscuro y prohibido y de visiones apocalípticas. Si Akasha lograba hacer realidad su perverso y malvado sueño, el mundo se acabaría, tal y como se conocía.

Todos escuchaban atentos, de no ser por un estólido miembro de la comunidad mágica, de generosa panza, que tenía una conducta extraña e indiferente hacia lo que ocurría en su entorno, observando embelesado los pequeños seres mágicos que sobrevolaban su cabeza.

Estos seres eran nada más ni nada menos que los zefirium. Criaturas que solían residir en los cielos más altos y en los confines de la atmósfera. Sus formas eran la de una amalgama de viento y luz, una danza perpetua de corrientes de aire. Sus alas eran extensiones de luz que se desplegaban como velos resplandecientes, atrapando la esencia misma del viento. Cuando se movían, dejaban a su paso una estela de destellos iridiscentes, como un arcoíris fugaz que se desvanecía en el aire. Aunque generalmente era una criatura pacífica, los zefirium poseían un poderoso don: el control sobre los vientos y las corrientes atmosféricas. Ellos, eran capaces de calmar las tormentas más violentas con un simple gesto, o desatar vendavales a su antojo si se sentían amenazados.

La volva quiso recordarles a sus hermanos miembros, lo que había ocurrido siglos atrás, donde los primeros meigas habían tenido que ponerle freno a la eterna guerra que derivó en una masacre, donde todos luchaban entre sí, deseando obtener el poder absoluto para instaurar la oscuridad eterna y esclavizar a los más débiles.

—Esta es la herencia de perversidad que hemos estado incubando durante generaciones. Hemos dejado que Akasha tome las riendas de nuestros caminos. Hemos dejado que se convierta en un ser casi imparable, sediento de poder. Hemos dejado que se convierta en la reina de los vacíos infernales, en la profeta de la destrucción, de la ira y de la muerte y, ¡peor aún!, comandante de una terrible legión de seres demoníacos. Debemos sobreponer una implacable decisión para evitar adentrarnos en las regiones del horror —recalcó—. Y debe ser de inmediato.

La volva hizo llamar a alguien que llevaba unos zapatos negros, bien cepillados y lustrosos. Se trataba del señor Legba, que también se encontraba entre los presentes, para hacer uso de la magia, invocando una fuente de piedra de la que saldría un paisaje de su interior. La primera reacción de Yara fue de perplejidad, ante aquella transformación del entorno, para adentrarse en un paisaje prodigioso e inesperado. A saber cuántos años llevaba oculto bajo las insondables profundidades del agua de esa pequeña fuente.

Todos los miembros de la comunidad se habían transportado al interior de la fuente. El cielo era la oscura agua que reflejaba sus cuerpos como un espejo. Muchos sintieron más horror que asombro, ya que en la atmósfera y en la superficie había putrefacto una calidad siniestra que les helaba el corazón.

Legba, Karnayna y la volva, les descubrieron al resto dónde se encontraban. Aquel paisaje diferencial era el corazón del bosque de Puckley Baciu, un lugar al que decían que era imposible llegar.

Los tres invocaron con un poderoso conjuro una piedra gigantesca de color negro, que por su posición y contorno daba la impresión de que no era enteramente obra de la naturaleza. Aquella piedra de vidrio volcánico era un monolito perfectamente tallado. Yara notó cómo la piedra brillaba con una fuerza misteriosa y deslumbrante, recordándole la caja de madera de cedro que contenía la milenaria piedra de obsidiana y que la condujo hasta la cámara secreta.

Al recordarlo, Yara sintió una brisa de aire circundante y turbulenta acercarse a ella, entre los leves murmullos que resonaban de él. "Esto ya lo he vivido" —pensó—. En aquel momento, Yara sintió algo parecido a su sangre concentrándose en su pecho, como si algo brotase de él, hasta que finalmente su aura heka recobró fuerza y las raíces de un Taxus baccata brotaron de su pecho, junto a una luz de descomunal energía.

—Esta piedra de obsidiana, que hemos estado custodiando durante estos años, está conectada con un número de inexplicables y destructivos incidentes mágicos —le explicaba el señor Legba a Yara mientras todos miraban—. ¡El poder de la obsidiana puede, por fin, ser canalizado! —gritó pletórico hacia los miembros de la comunidad.

Al instante, todos comenzaron a levitar haciendo un círculo sobre ella, sabiendo lo que debían hacer, mientras aún brotaban las raíces de su pecho, para pronunciar el conjuro de canalización, un conjuro que invocaría las fuerzas cósmicas y elementales para canalizar el poder y energía de un lugar y traspasarlo a otro.

—¡*Ánima arcana aethralis...*!

—¡No! —interrumpió ella.

—¡... *lumineth*!

En aquel momento y sin que Yara pudiera detenerlos, todo se volvió negro y todos permanecieron inmersos durante unos segundos en la oscuridad. El conjuro de canalización había finalizado. Después, se encontraron de nuevo en la VMPR y la fuente desapareció.

Yara sintió que se trataba del advenimiento de algún proceso monstruoso para dar lugar a otros hechos que acontecerían. Además, ella tenía claro que no deseaba más magia y así lo había hecho durante estos tediosos años. ¿Quiénes eran ellos para obligarla a retomar la magia sin su aprobación?

De repente, Byakko, que escudriñaba su rostro adusto y amenazante desde lo lejos, alzó la voz para dejarle claro a Yara que ese procedimiento se hacía por deber y por necesidad. Akasha tenía un plan, y dentro de él estaba ella; que de ser encontrada, moriría sin opción alguna y le traspasaría tanto su alma como su sangre, para así invocar a Akila sin su ayuda y robarle su poder. De esta manera, podían convertirla en un arma contra Akasha para tener una oportunidad de salvar el mundo.

Akila, ¿eh? —pensó ella mientras su rostro se contraía en una mueca de dolor, mirando al resto, incluyendo a Idril y

Aidyn—. Si quisiera hacer uso de la magia, ya lo habría hecho —continuó pensando—. Me hubiera ahorrado muchas penurias, pero algo dentro de mí me hubiera frenado como si un poder invisible me oprimiera con todo el peso de su mala conciencia. Justo como lo está haciendo ahora.

Yara pensó tanto en Akila como en todos los mundanos torturados por placer en la cámara secreta. Miró a Karnayna, recordando cómo se habían conocido y de que de no ser por su descendencia con los meigas, habría sido una presa más. Pensó en todos y en que, nadie había guardado sus restos en un ataúd o en una urna, ni les habían dedicado un sepelio digno o un momento funerario. Pensó en todas las atrocidades que cometían a diario y en todas las que ni podría ser capaz de imaginar. Pensó en la guerra que se aproximaba y en que, por lo que había entendido, lo único que tenía que hacer era esconderse para que Akasha y sus esbirros no fueran capaces de encontrarla.

Su conciencia acababa de experimentar una gran conmoción interior. Su fisonomía no había estado tan inescrutable, tan extraña.

Yara, que una vez más se había visto inmersa en una degradante experiencia sin pedirlo, abrió la puerta de la VMPR, como si la inquietara una especie de instinto incorruptible e imperturbable, y salió por ella sin darles opción de reacción a los miembros de la comunidad mágica, con una rudeza fría y sencilla poco comunes en ella, dirigiéndoles una mirada en la que no había ni rencor, ni cólera, ni desconfianza y echó a correr.

Todos los resentimientos, todos los recuerdos que pudiera tener, se habían borrado y paralizado en ese semblante impenetrable, donde sólo se podía leer una lóbrega tristeza. Toda su persona reflejaba una especie de abatimiento, asumido con inmenso valor.

Al fin y al cabo, como le había dicho Karnayna en su momento: "A veces, correr es de valientes".

CAPÍTULO 12

"Cataratas de libertad rozando la locura. Un aura forastera me ha encontrado en la frontera y se ha llevado la amargura. Amargura de este ente que tanto añora la vida nómada que le cautiva, grabando huellas en la voz de la memoria, sombra del eco de la vista a lejanía. Arropado por el viento y hasta la más espesa niebla y oscura y fría noche, pues aquí, sólo gana aquel que pierde, pues la meta es el fin y el fin es el viaje. Perderse en uno mismo para así poder encontrarse".

En Sorginkeria no todo era de color de rosa.

Yara se ocultó durante largo tiempo con otro nombre: Asha.

Aquel día, mientras corría por las aún pulcras aceras de ladrillo, vio el halo blanquecino de Akila por primera vez en mucho tiempo, lo que la llevó a tropezar consigo misma, del susto y sus escasas fuerzas, frenando de súbito, y dándose de pleno con un cartel de gran eslogan: "Porque valoramos la vida, la persona y su dignidad, acogemos a todas las personas del reino que acuden a nuestro centro, con calidez y comprensión, aceptándolas y escuchándolas con cercanía y empatía. Dirigido a personas en exclusión social. Cubrimos las necesidades básicas de alimentación y alojamiento. Porque compartir es vivir".

En un reino donde su sociedad se había convertido en superficial, materialista, individualista y consumista, era descorazonador pensar en aquel lugar donde acudir. "Dirigido a personas en exclusión social". Eso ponía el cartel. Hablaba de pobreza. No de la pobreza propia de lo que se conocía como la clase media-baja o baja, sino de la pobreza total y real; de esa que prácticamente no tiene escapatoria ni solución, de esa que deja sin ninguna carta para sumarse a la partida. De esa pobreza, en la que no es que no se pueda ganar, sino que directamente se tiene prohibido participar; esa pobreza asfixiante que rodeaba como si de un muro se tratase, y aunque se buscase con todas las fuerzas una pequeña grieta por la que respirar aire fresco y derribarlo para salir al exterior, sería imposible.

Era desmoralizador saber que no le quedaba de otra que acudir ahí, a sabiendas de que vivía en un mundo en el que la personalidad se veía influida por las condiciones en las que se venía al mundo y en el que se vislumbraba el terrible efecto que la ejecución de ciertos parámetros de pensamiento había causado en la humanidad. Un mundo en el que el carácter y los valores de las personas eran secundarios. Un mundo donde la mayoría de las relaciones humanas eran poco profundas, superficiales y pasajeras.

El reino de Tartaria se regía por una sociedad llena de personas vacías, que valoraba más la forma de vestir que la de pensar, siendo más fácil desintegrar un átomo que un prejuicio. Era desalentador. La pobreza y la vergüenza eran dos consejeros fatales.

¿Qué se sentiría al tener que mendigar cuando lo que realmente quería poder hacer era ayudar, desde la cara inversa de la pobreza? Ella ya había tenido que pedir y aceptar la solidaridad de otros, pero nunca había tenido que acudir a un lugar donde se iba específicamente a mendigar, a desconocidos, junto a otros desconocidos.

Se cercioró de que nadie la seguía y continuó caminando cabizbaja, pensativa y abatida, con un aspecto de circo ambulante que habría asustado a cualquiera.

Caminó hacia el lugar, con los extremos de su boca con la curvatura de la angustia habitual que se podría observar en los condenados sin voluntad, resoplando, buscando el valor necesario para erguirse de nuevo.

Ella luchaba en medio de la angustia de su alma infortunada. La violenta lucha que se libraba en su interior no había concluido y a cada paso que daba entraba en una nueva crisis. Por desgracia, era en esas ocasiones en que se tenía más necesidad de pensar en las realidades dolorosas de la vida, cuando precisamente los hilos del pensamiento se rompían en el cerebro. Yara se encontraba en el sitio donde los jueces deliberaban y condenaban.

El valor lo encontró al toparse con un indigente a la intemperie, convertido en un espectáculo sublime que se apoderaba del alma y convirtiendo a todos los que le presenciaban en meros espectadores. La figura solitaria, envuelta en harapos y sombras, se erguía como un monumento a la desesperación, desafiando al mundo con su mera presencia y dejando a todos los presentes atónitos y con el corazón encogido.

—¡Papá, mira ese señor! ¿Qué está haciendo? —preguntó una niña que caminaba por la calle mientras lo miraba fijamente.

La niña, con la voz temblorosa, reflejaba la angustia que sentía al presenciar la escena.

—Se está preparando la cama —le respondió.

—¿En la acera? Yo tendría frío tumbada en la calle. ¡Y mucho miedo! —dijo estremecida de sólo pensar en estar en el lugar del indigente.

—Ese señor no ha escogido dormir ahí. Quizás no tenga otro sitio donde pasar la noche —explicó su padre con pesar en la voz.

Yara escuchó la conversación y pensó en que a nadie le gustaba mojarse cuando llovía. Ni que le agredieran. Ni que le robaran. Ni pasar frío.

Todo estaba confuso. Sus ideas se agolpaban dentro de su cerebro, pero, aunque había presenciado en su vida muchos espectáculos macabros, nunca había visto algo que le helara la sangre como aquella figura enigmática.

La escena no sólo mostraba la desgarradora realidad de la indigencia, sino que también evidenciaba la falta de empatía de la sociedad de Sorginkeria. A menudo, las personas preferían desviar la mirada o ignorar a los indigentes de las sombrías y desoladoras callejuelas, encerrándose en su propio mundo de comodidad y privilegio. La falta de compasión y solidaridad era un recordatorio sombrío de la desconexión y la indiferencia que permeaban en la sociedad de Sorginkeria; donde la empatía era escasa y la comprensión hacia los menos afortunados, en ocasiones, lo era aún más.

A partir de aquel día, comenzó a acudir a la cocina económica del reino, donde descubrió que cualquiera podía verse envuelto en esa situación, arrastrado por las garras de la indigencia.

Era un lugar donde convergían personas de todos los estratos, desde los más humildes hasta los que habían caído de las alturas del privilegio. Era gente de lo más normal y gente muy poco común. Allí había más diversidad que incluso en el mundo mágico. Gente que llevaba mucho tiempo y gente que acababa de llegar. Gente que acudía a diario y gente que sólo estaba de paso. Gente joven y gente anciana.

Cada rostro contaba una historia de lucha y desesperación. Cada persona, era un alma perdida en un mar de adversidades, con diferentes vivencias, y todos, perpetrados intencionadamente por su pasado. Por su sufrimiento.

Envueltos en un abismo sin opción de avanzar. Sin opción de escapar de las garras de la miseria.

Eran almas destrozadas por las circunstancias, arrastradas por las corrientes más oscuras de la vida y arrojadas a las calles para luchar por su supervivencia día tras día. Aún así, se podía ver más luz en quienes estaban sobreviviendo en la oscuridad que en quienes decían vivir en la luz.

Eran el fruto de una sociedad deshumanizada. Insignificantes. Ni buenos, ni malos; ni sabios, ni ignorantes; ni genios, ni imbéciles. Sólo gente que, en algún momento, por lo que fuera, se había sentido abandonada. Excluida. Sin techo. Incapacitados para acceder al mercado de trabajo. Discriminados. Marginados. Desprovistos de cualquier oportunidad. Sin enfoque. Gente que transcurría entre la pobreza material y los desplazamientos forzosos. Desprotegidos, sin integración social. Desterrados. Condenados al ostracismo.

A partir de aquel día, atravesó un umbral. Comprendió que siempre llevaría una sombra consigo y que nunca volvería a estar sola. Era una extraña entre desconocidos pero al igual que el resto, formaba una parte inherente del hecho de estar vivos.

Además, la indiferencia reinaba como una ley no escrita.

Aquel lugar "dirigido a personas en exclusión social", y conocido como "el refugio de los desamparados", acogía a los necesitados sin hacer preguntas. No ansiaban historias tristes de las que alimentarse. Tan sólo eran personas de fe que se desvivían por ayudar.

Allí, las puertas se abrían de par en par para recibir a aquellos que habían sido despojados de todo menos de su sufrimiento.

En un inicio Yara se mostraba reacia recordando su paso por el Deineca, pero aquellas personas eran diferentes. Aquellos voluntarios, en su mayoría mujeres, realmente sí eran hijos de Dios y, como hubiera dicho la hermana Belial, "como Geón manda". Eran personas que regían sus vidas en actos de bondad y fe, trabajando de sol a sol por y para aquellos descarriados sin nada que ofrecer, sin esperar nada a cambio. Eran verdaderos ángeles en la tierra.

Gracias a ellos, comprendió con el tiempo que el perdón era el acto más formidable que se podía recibir y otorgar. Vislumbró la idea de que su endurecimiento sería infinito si pudiera resistir esa clemencia, pero que si cedía, tendría que renunciar al resentimiento que había alimentado en su alma durante tanto tiempo.

El perdón era la gloria del principio y el esplendor final. Perdonar significaba renunciar al rencor, la rabia, el odio, el desagradable resentimiento, la venganza, la amargura, la decepción, la tristeza o el arrepentimiento. Perdonar sin olvidar ni negar los sucesos dolorosos o las profundas experiencias traumáticas, sin justificar ni excusar, y sin caer en el victimismo. Perdonar sin necesidad de buscar reconciliación, excepto consigo misma, a sabiendas de que el perdón estaba destinado únicamente a cambiar su futuro, pero no su pasado. Perdonar, consciente de que la herida había quedado marcada en su historia personal y grabada en su memoria. Perdonar para liberarse de la culpa y liberar a la prisionera interna que permanecía enjaulada. Perdonar para encontrar paz interior, sanar, regresar al pasado y regresar ilesa, madurar, soltar una carga pesada, fortalecerse, triunfar, salir victoriosa y poder pasar página. Gracias a ellos, comprendió que "vencer y perdonar es vencer dos veces".

Aquellas injurias hacia ella, vomitadas de la voz enronquecida por el vino, la deformada imaginación y la locura de sus padres, jamás serían olvidadas, pero sí perdonadas. Comprendió que aquellos dementes que evocaban monstruosidades sin ninguna justificación, jamás podrían tejer un vínculo con ella y jamás estarían llenos del ciego valor que infunde la paternidad. Y le daba igual. Ella no podía ayudar a quienes no querían ser ayudados.

Desde entonces, únicamente sintió compasión por aquellos enfermos sin cura, deseando y esperando que todo les fuera bien. Desde entonces, supo que sólo sabría que la llama del fuego de la ausencia doliente, de la desazón y de la lágrima nacida de la melancolía, existiría sólo si los fantasmas del candil de su interior aparecían. Y no lo permitiría.

Era inevitable. La sociedad la había condicionado a creer que la familia debía ser un vínculo emocional irrompible, una especie de fortaleza inexpugnable ante cualquier adversidad. "La familia es lo primero". "La familia es sagrada". Sin embargo, la realidad se encargaba de desmentir ese idealismo, demostrando que la sangre no siempre era sinónimo de amor y protección. Yara, en medio de ese torbellino de expectativas y desilusiones, comprendía que a veces era necesario romper esos lazos para preservar el bienestar y la salud mental y emocional. Reconocía la toxicidad que emponzoñaba su entorno familiar, un veneno que, aunque familiar, resultaba más dañino que cualquier adversario externo.

En ese laberinto de relaciones fracturadas, Yara entendía que el auténtico cuidado de sí misma implicaba alejarse, mantener distancias, incluso si eso significaba un distanciamiento permanente. La familia debía ser un refugio, no un campo de batalla donde las heridas emocionales se multiplicaban sin tregua. La familia, debía estar para ayudarse y apoyarse, no para destruirse entre sí.

"La familia es lo primero". "La familia es sagrada". Pero Yara sabía que la realidad era mucho más compleja y dolorosa.

En la familia se quiere y en la familia se ama. Y amar es adorar, querer y, en ocasiones, sufrir. Es creer en uno mismo junto a las personas amadas. Es alegría, una ternura inmensurable que envuelve los corazones. Amar no es mirar con perfección a tus seres queridos, es comprender sus defectos y virtudes, abrazar su humanidad con amor incondicional. Es sentir que esas personas son lo más importante de tu vida, es incluso pensar en «nosotros» antes que en el «yo». Es dar sin esperar recibir nada a cambio, un acto desinteresado que brota del corazón. Pero también es un delicado equilibrio mutuo entre dar y recibir sin que resulte un desgaste emocional. Amar es aceptar, reconocer errores y perdonar, construyendo puentes de comprensión y afecto. Amar es una inmensidad de emociones, una fuente de felicidad y libertad que nos impulsa a crecer juntos. Es permanecer, incluso en los momentos difíciles. Es soñar despierto y encontrar un oasis en el desierto de la vida cotidiana.

No son sólo cuatro letras, amar es vivir y experimentar la plenitud del sentimiento más puro. Es algo que hay que apreciar, cultivar y atesorar. Es entregarse sin miedo a equivocarse, confiando en el poder transformador del amor. El amor no teme a nada, vive más de lo que da. Es paciente y servicial, no conoce la envidia ni el egoísmo. No alardea, no busca su propio interés, sino que se entrega con generosidad y altruismo. Es inexplicable, porque describirlo sería limitar su grandeza y su profundidad.

El amor no se espera, aparece y nos cautiva, transformando nuestras vidas. Es un misterio que nos envuelve, una fuerza que nos impulsa a ser mejores, a amar sin límites ni condiciones. Es un sentimiento tan grande que a veces el cuerpo es incapaz de expresar con palabras todo lo que el corazón siente. Es aprender. Es apoyar, cuidar y estar. Es querer guardar esos momentos para siempre... Es querer que no cambien nunca y que nunca te falten. Eso... Es amar.

"La familia es lo primero". "La familia es sagrada". La sociedad le había inculcado el voluntariado emocional por doquier, donde se romantizaba el sacrificio y el amor incondicional hacia quienes no la querían e incluso hacia quienes la maltrataban. "Aguanta". "No es para tanto". "No seas egoísta". "Pobres, tuvieron una vida muy dura". Yara estaba harta. Harta de las opiniones ajenas de quienes no vivían bajo su piel. Harta del "por educación" o el "porque es lo que tienes que hacer". Harta de que todo fuera a cualquier precio sin cuestionarse nada, viéndose obligada a ocuparse de su propio vacío, cuando éste lo ocupaba todo. Harta de ser un cristal roto que fuera cortando a todo aquel que sin querer la rozase.

Ella comprendió que debía dejar ir a la gente que no estaba lista para amarla y que debía amarse primero a sí misma. Y eso incluía a su familia. Yara debía dejar de tener conversaciones difíciles con personas que no querían cambiar. Debía dejar de aparecer para quienes no tenían interés en su presencia, robándole su tiempo, energía, salud mental y física. Ella no era responsable de salvar a nadie, ni de convencerles de mejorar. Debía forjar un refugio para sí misma aceptando que ella no era para todo el mundo y que no todos eran para ella. No era su trabajo existir para otros. No era su trabajo ser una máquina de agradar. No era su trabajo tener que dar y dar y dar. Merecía tomar distancias de las personas nocivas. Merecía compromisos verdaderos, reales, leales y sobre todo, saludables. Porque nadie que lo diera todo, merecía que le dieran nada.

Porque en ocasiones, el amor no lo era todo. No era suficiente. No era nada. A Yara de poco le servía que la pudieran llegar a querer si la forma de quererla era la de quererla mal. Comprendió que los vínculos cercanos, con quienes debía compartir su vida, debían hacerle sentir emociones que regenerasen lo que se había ido rompiendo, siendo capaz de desenvolverse entre la asertividad y la autoestima. Ella merecía unos vínculos que la hicieran sentirse hogar.

Yara comenzó a comprender, además, que cuando la realidad se volvía monstruosa, era imperativo transformarla para encontrar un resquicio de soportabilidad. Sus pensamientos, como espinas enredadas, necesitaban ser desenmarañados antes de que la opresión los convirtiera en un peso insoportable. En el eco de su propia angustia, se aferró a la certeza de que debía empezar a forjarse a sí misma, a partir de los fragmentos rotos y las migajas de esperanza dispersas en su entorno desolado.

Cada pequeño destello de luz, cada gesto de bondad, cada granito de arena, se convirtió en su tabla de salvación en medio de la oscuridad aplastante. Porque comprendió, con dolorosa claridad, que una herida no podía ser su destino; debía ser el punto de partida hacia una transformación interna, hacia una fuerza que aún no sabía que poseía.

Por primera vez, Yara sintió sufrir el síndrome de la impostora, sintiendo que no había sido nunca y tampoco sabía quién era, viéndose obligada a descubrirlo. Por primera vez, tenía la certeza de lo que no quería encontrarse en su descubrimiento, de lo que no quería ser, y que de encontrarlo, sabría cómo reconducirse. Y así sucesivamente; y las veces que fueran necesarias.

Aquellos voluntarios eran la caridad en persona. Les daban cobijo, un lugar donde asearse, un lugar donde comer, un lugar para lavar la ropa y, además, un lugar de ocio. No les faltaba de nada. Aun así, había personas que habían sufrido muchos años viviendo en la calle y que, cuando les llegaba una solución, se asustaban porque habían perdido la confianza.

Era tal la devoción por ayudarles, que muchos llegaban a verse acomodados ante aquella forma de vivir. Muchos, incluso, solían decir que iban a trabajar, siendo la mendicidad en las calles su jornada laboral. Y vaya si sacaban un buen sueldo. Tanto, que se aburrían de la comida que ofrecía la cocina económica del reino, compraban unos buenos costillares y los asaban al fuego en las naves que algunos ocupaban, los cuales llamaban "chupanos".

A pesar del apoyo que recibía, Yara se negaba a resignarse a ese destino impuesto, a ese ciclo de desesperación perpetua. Mientras los demás se resignaban a la mendicidad en las calles, ella dedicaba cada minuto disponible a forjar su propio camino hacia una vida mejor. Entre lágrimas de frustración y suspiros de determinación, pasaba noches en vela redactando cartas de presentación y actualizando su currículum, que enviaba por internet con la esperanza de que alguien, en alguna parte, reconociera su valía y le brindara una oportunidad para escapar del abismo en el que se encontraba atrapada. Cada correo electrónico era un pequeño paquete de sueños y anhelos, lanzado al incierto océano del futuro, donde las olas de la adversidad amenazaban con ahogar cualquier esperanza de redención. Pero Yara se aferraba a la última chispa de esperanza, negándose a ser arrastrada por la marea implacable de la desesperanza.

En las temporadas altas de fechas señaladas, como en navidad, aquello se convertía en el mismo caos del Ínsola Firme. Un lugar apoteósico. El aforo sobrepasaba con creces el máximo de personas que debían residir en las plantas del asilo y todo se volvía un descontrol. Por eso, muchos decidían irse, en busca de un lugar más tranquilo, ocupando algún espacio vacío y de no haberlo o encontrarlo, prefiriendo dormir en las calles.

Lobo, era un hombre que había pasado por la cárcel, que nunca había aceptado el cobijo o la comida de aquellas personas de buena fe, convencido de no haber recibido el castigo suficiente por sus actos pasados. Él, escogía por voluntad propia pasar frío y dormir en los rincones más incómodos, así que no podía aceptar la ayuda que, según él, no se merecía. De tanto en tanto, se le veía haciendo la insufrible cola para entrar en la lavandería y poder lavar la ropa.

Mientras todos buscaban el arma que había canalizado el poder de la obsidiana, Yara, escondida bajo otro aspecto y nombre, se dedicó a transitar zonas a las que a nadie se le ocurriría ir, aventurandose en los rincones más sombríos y olvidados.

¿Quién iría a buscarla a aquella zona repleta de "chupanos" y mendigos? Eran en su mayoría tugurios, sucios, fétidos, infectos, tenebrosos y sórdidos y, para la ciudad de Sorginkeria, era una zona invisible e inexistente, alejada del resto para no molestar. Era un lugar donde darles de comer aparte. Donde darles de dormir aparte y donde dejarles vivir aparte, sumergidos en una realidad cruda y despiadada.

Nadie buscaría allí. Nadie notaría el poder de una meiga cuando no se hacía uso de la magia. Nadie la encontraría preguntando por su nombre, en una ciudad en la que sólo era reconocida por el nombre de Asha y Asha, ya no vivía paralizada por el miedo, porque cuando se vivía sin nada ni nadie, no había a qué poder temer. El miedo pasaba a formar parte de lo irrelevante.

A pesar de que había canalizado el poder de la obsidiana, ella no se sentía más fuerte que antes, ni había notado que las apariciones de Akila, ya resurgidas, aparecieran con más frecuencia. Por el contrario, comenzó a tener problemas de salud.

De un momento a otro y sin causa aparente, comenzó a notar sus pies y sus tobillos hinchados, con dolor en las piernas, calambres, enrojecimiento y una atroz sensación de ardor. En poco tiempo, sus piernas parecían llevar enormes pesas colgantes, viéndose impedida y haciendo insufrible cada paso que daba. Aquel dolor comenzó a extenderse rápidamente por todo su cuerpo. Se sentía rígida y pesada, fatigada y agotada. Comenzó a empeorar, teniendo mareos constantemente y migrañas, siéndole imposible retener algo de información, desorientándose con facilidad y en ocasiones, olvidándose de las caras conocidas o hasta de cómo se llamaba.

Finalmente, tuvo que acudir a un hospital de urgencias, con el nombre de Asha, esperando no ser reconocida.

Tras un tiempo viviendo como mundana, excluida y apartada, era complicado volver como si nada a las profundidades de la ciudad. Una ciudad con realidades que la laceraban profundamente, pues en su núcleo habitaba la excitación y la decepción de las expectativas de miles de personas, atraídas por la esperanza de elevar su nivel de vida y conseguir un sitio en aquel gran circo mágico. Sorginkeria era una ciudad que hacía aún más pobres a los pobres, porque cruelmente les exhibía espejismos de riquezas a las que nunca tendrían acceso y excluía a los más perjudicados.

Yara acudió al hospital con cierto nerviosismo para ser examinada por doctores mundanos, por lo que, traspasó las puertas en silla de ruedas y, tras varios análisis, salió en silla de ruedas mientras le decían que todos los resultados estaban bien. ¿Qué podía ser lo que le ocurría a Yara, para que ningún médico mundano pudiera dar con la causa de su malestar?

CAPÍTULO 13

"Y ser necio y loco, y no hacer lo que todo el mundo hace, ni lo que el resto esperan que hagas. Desmelenarse y descalzarse sin atarse a nadie ni a nada, evadiéndose en la plenitud de la madre tierra, saliendo de las líneas que nos unen pero no nos hacen leyenda.".

Yara continuó escribiendo en su diario.

"Me siento siempre cansada, con sueño y con frío. Da igual cuántas horas duerma, me levanto como si me hubiera atropellado un camión. El frío invade mi cuerpo tembloroso y entumecido hasta amoratarme la piel; el calor, en cambio, me hincha. Los dolores de cabeza forman ya parte de mí. Son una constante en mi vida, y cualquier estímulo, ya sea un olor, un ruido o una luz, desencadena una migraña que me deja postrada en la oscuridad durante días. Días enteros a oscuras esperando que me termine de explotar la cabeza. Los dolores estomacales también son habituales. Nada que coma me sienta bien y deriva en hinchazón y revoltura, haciendo que en ocasiones acabe en náuseas o vómitos. Me acompaña constantemente un dolor extremo por todo el cuerpo. Un cuerpo que ya no reconozco como mío. Un dolor intenso se extiende por todo mi cuerpo, convirtiendo cada movimiento en una tortura. He experimentado dolores inimaginables, desde el dolor de pestañas hasta la parálisis facial. He conocido lo que es el vértigo y los desfallecimientos tras levantarse. La presión del agua de la ducha es aterradora, se convierte en un desafío, y el roce de la ropa se siente como una agresión física. Parece un combate de boxeo. Supongo que por eso me salen cardenales por el cuerpo. El roce de la ropa o de cualquier cosa hace que mi cuerpo interprete que es un ataque y mi cerebro lo siente como dolor. Las manos se hinchan y comienzan a temblar junto con una debilidad que me impide coger nada de peso. Mis manos se hinchan y tiemblan, y esa debilidad abrumadora me impide realizar tareas simples como sostener un vaso o una caja

ligera. Nada. Por dentro, mi cuerpo siempre está en guerra. Tiene tics, me da unos terribles pinchazos, calambres y las piernas inquietas que no me dejan dormir. El insomnio siempre está ahí. Es mi compañero constante, y ninguna cantidad de medicamentos parece hacerle frente. Me siento desconectada de mi propio cuerpo, como si fuera un extraño en mi propia piel. No se puede soportar. Nadie puede vivir así. Cada día se presenta igual que el anterior. No merece la pena pasar el día odiando tu cuerpo porque te duela de una forma insoportable, insufrible. No importa si algún día no me haya movido o no haya hecho algún esfuerzo extra. Tan sólo el hecho de levantar el cuerpo de la cama ya cansa, porque está rígido y duele. Los síntomas empeoran con el menor indicio de estrés, y ya no hay días buenos donde encuentre algo de alivio. Todo se cae de las manos, todo pesa, todo cansa, cortar, sujetar platos, secarme el pelo... Da igual que esté echada o sentada, que siempre duele. Cada día es una batalla cuesta arriba, y la esperanza de que las cosas mejoren se desvanece un poco más cada día. Además, te vuelves torpe y cometes cientos de despistes. No encuentro las palabras para comunicarme. De repente, el glosario de palabras no está en la mente. Me bloqueo y me quedo en blanco. Es difícil comentar algo, intervenir en una conversación o dar una opinión. Es difícil concentrarse. Incluso retener información. A veces no puedo decir que un tenedor es un tenedor, porque no encuentro la palabra. A veces camino por la calle y me desoriento y, a veces, me olvido hasta de los nombres de la gente o del mío propio. Los despistes se vuelven más constantes y tienen mayores consecuencias. Esto hunde. Todo es confuso. La niebla mental me enloquece. El cansancio es intenso. Parece que te han mordido, clavado cristales, apuñalado, pegado, que nunca se van a ir estas sensaciones, ni las agujetas, ni la gripe. A veces, tienes la esperanza de que sea algo pasajero, pero no para. Nadie me puede tocar. Además, sientes cómo tu sistema se debilita y coges fácilmente cualquier virus. Un estornudo de alguien, una tos desde lejos... La espalda es otro gran impedimento, un agravante más que añadir si se me ocurre estar de pie, aunque no haga nada. Además, hay una importante pérdida de equilibrio. Los hormigueos siempre están ahí. A veces incluso paralizan el cuerpo, sin llegar a sentir. Tampoco quieres hablar con nadie de esto, nadie lo entiende. Me siento como si estuviera luchando una batalla solitaria, incomprendida por aquellos que no pueden entender el alcance de mi sufrimiento. Las pruebas hechas buscando una enfermedad que explique los síntomas han dado negativas. Las pruebas médicas no arrojan respuestas, y el dolor físico se combina con el dolor emocional de sentirme incomprendida y aislada. Hablar, además, supone en un inicio quejarte y no eres la única persona que tiene problemas. Te vuelves hipersensible a la luz, al ruido y a los comentarios de la gente. Es extremo. Cada día es una lucha para mantenerme a flote, y el agotamiento físico y emocional amenaza con consumirme por completo. Todo es pesado y tremendamente doloroso. En ocasiones me sangra la nariz, y en otras tengo urticarias o brotes dermatológicos. No puedes quedarte dormida porque duele a pesar de lo cansada que te sientes. El dolor me despierta en la noche. El sueño nunca es reparador. Ningún medicamento hace nada. Le temo al cuerpo que no entiende lo que digo. A su lenguaje atroz. Me siento como un vegetal, una planta. Sin poder hacer nada. Y así es como se llega al pico más alto, sobrepasando todo umbral de dolor".

Mientras el mundo mágico y el mundo mundano pendían de un hilo, coexistiendo en un equilibrio precario por la posible guerra que se avecinaba, Yara permanecía inmersa en la reconciliación con su propio cuerpo, tratando de salir del profundo estado de negación en el que se encontraba.

Nada parecía presagiar oscuros nubarrones, salvo por la preocupación de algunos ante las repentinas desapariciones, pero, de repente y sin previo aviso, unos rayos de energía mágica iluminaron el oscuro cielo de una silenciosa y apacible noche, despertando a toda Sorginkeria, alarmados por el terrible estruendo ensordecedor que se escuchó tras ellos. Era el inevitable sonido del estallido de la guerra, despidiéndose del fino velo entre los mundos que separaban a las bestias de los mundanos.

Las calles comenzaron a vibrar con la terrible magia que se había desatado, haciendo que los edificios comenzaran a temblar y a desmoronarse. Los ciudadanos, tanto mundanos como sobrenaturales, atónitos y aterrados, corrieron en todas direcciones buscando desesperadamente un refugio mientras la destrucción comenzó a extenderse a su alrededor.

La ciudad estaba envuelta en la neblina de una noche eterna, bajo el poder de los hechizos mortales que continuaban iluminando el cielo nocturno, mientras las llamas devoraban los edificios y el humo oscurecía la visión. Cada explosión y cada hechizo arrojaban más destrucción sobre la ciudad, que se hallaba indefensa. El río de personas que huían, se convirtió en una marea de desesperación rápidamente, mientras cada uno luchaba por su vida en medio de un escenario de pesadilla. El caos se había instaurado en cada rincón, mezclando el humo de los incendios con la niebla de la magia oscura que se desataba sin control.

En medio de ese caos, una familia intentaba desesperadamente escapar de la ciudad. Padre, madre e hijos corrían por las calles llenas de escombros, esquivando los ataques mágicos que estallaban a su alrededor. El sonido de la batalla, resonaba en sus oídos mientras luchaban por mantenerse juntos en medio del tumulto. De repente, una explosión cercana los arrojó al suelo, cubriéndolos de escombros y polvo. El padre, con una sensación de taponamiento en los oídos, se levantó tambaleándose, extendiendo una mano para ayudar a su esposa y a sus hijos a ponerse en pie. Con el corazón lleno de temor, se apresuraron hacia las afueras de la ciudad, rezando para encontrar un lugar seguro lejos de la devastación.

Las calles adoquinadas resonaban con el estruendo de la magia desatada y los aullidos de criaturas sedientas de sangre, donde el eco de la magia desatada resonaba como un trueno retumbante, acompañado por los aullidos feroces de criaturas ancestrales. Los edificios más emblemáticos, imponentes y centenarios de Sorginkeria crujían y temblaban, bajo el peso de la violencia mágica y la brutalidad desenfrenada.

Cada adoquín parecía retumbar con el clamor de la batalla, cada rincón se impregnaba con la angustia y el miedo palpable de quienes luchaban por sobrevivir en medio del vendaval de destrucción.

Mientras el mundo se desmoronaba a su alrededor, Yara se levantó a duras penas para salir hacia la calle y buscar un lugar seguro. Mientras se apoyaba lentamente en todo cuanto podía para caminar, luchando contra el dolor y la debilidad para intentar sobrevivir en aquel entorno extremadamente hostil, pudo ver el terror que se había instaurado en las calles, mientras todos corrían gritando repletos de pavor y otros se iban quedando atrás, perdiendo la vida.

Casi cuando por fin había logrado llegar hasta la puerta, Byakko la abrió de golpe para sacarla de allí junto a unos desconocidos hechiceros. Cerridwen y Marlow.

—¡No hay tiempo para explicaciones! ¡Hay que salir de aquí! —exclamó Byakko con voz exaltada, mientras atravesaban la puerta a toda prisa, con el corazón latiendo desbocado y la urgencia de la supervivencia pulsando en cada fibra de su ser—.

Lo que Yara no sabía era que al encontrarse peor de salud, su cuerpo había comenzado a liberar inconscientemente la magia que había estado comprimiendo por el poder de la obsidiana que llevaba consigo.

Cada paso que daba, cada gemido de dolor, era como un grito de angustia que resonaba en el universo, como una chispa que iba encendiendo su aura mágica y dejando un rastro ardiente que los seres sensibles a la magia, como los zefirium, criaturas celestiales que habían presenciado el ritual de canalización de la piedra de obsidiana, podían rastrear con avidez. Guiados por la esencia vibrante de su magia, los zefirium se convirtieron en los guías de Byakko, atravesando el caos que se estaba desatando y la desolación para encontrarla.

Una vez que alcanzaron su destino, los zefirium se despidieron con un gesto lleno de luz y viento, como heraldos de cierta esperanza en medio de la oscuridad. Yara quedó bajo la protección de Byakko y sus aliados, rodeada de un halo de incertidumbre.

Mientras cada hechicero la sostenía por los brazos para avanzar con mayor rapidez entre las calles, para ponerse a salvo, Yara pudo discernir entre la oscuridad que amenazaba con engullirlos y los destellos que salían del epicentro de la lucha, cómo algunos miembros de la comunidad mágica se encontraban luchando en el bando de la proscrita. Según Byakko y los hechiceros, hubo discordancias en la comunidad mágica. La codicia desalentó al personal y confundió el pensamiento, extendiéndose hasta alzarse y dividirse en bandos, llevando a la ruptura de una frágil paz y de cualquier atisbo de negociación o acuerdo. Después de aquello, los que se fueron juraron estallar una furiosa tormenta con una cólera infinita que nunca sería apaciguada.

Los estruendos resonaban en las calles, mezclándose con los gritos de terror de aquellos que veían cómo sus hogares eran reducidos a escombros ante sus propios ojos. Yara, protegida por Byakko, Cerridwen y Marlow, trató de encontrar una calle transitable por la que meterse protegiéndose con el uso de sus báculos y diversos hechizos protectores. En el camino, Yara pudo comprobar de qué lado estaban ellos, pues le salvaron la vida a unos conocidos, que solían acudir a la ahora destruida cocina económica.

La confrontación titánica entre el bando de Akasha y el bando de Legba, el clan Ghilan, el clan Volur, el clan de los elfos y otros clanes, se veía opacada por el caos que habían desatado, mientras la ciudad temblaba bajo el peso de su conflicto. Muchos, del bando de Legba y el resto, lucharon por crear una barrera etérea que envolviese a los ciudadanos para protegerlos de las fuerzas oscuras que se abalanzaban sobre ellos. Muchos dieron sus vidas tratando de poner a los mundanos a salvo, mientras los bandos se enfrentaban a un duelo de proporciones épicas. Unos, en su desesperación por obtener la supremacía, y otros, tratando de contenerlos.

En cuestión de poco tiempo y a medida que la batalla se intensificaba, la tierra misma comenzó a retorcerse con el caos mágico. Bosques enteros se marchitaron bajo la influencia de la magia corrupta, los ríos se volvieron negros y venenosos, algunas montañas se derrumbaron en avalanchas de fuego y roca, y los mares quedaron revueltos en un ácido. Incluso el aire se estaba volviendo tóxico hasta un nivel letal.

La lucha por el poder había desencadenado una cadena de eventos que amenazaba con consumir todo el mundo conocido. La batalla se había vuelto tan caótica y apocalíptica que Yara estaba experimentando una mezcla abrumadora de sensaciones y emociones físicas. A pesar del dolor que la consumía, se obligó a continuar canalizando su dolor y fatiga en una fuerza de resistencia. Con cada paso, la agonía de su cuerpo parecía multiplicarse, pero su determinación no flaqueó; inspirada por el coraje de todos los que luchaban a su alrededor, y sobre todo, inspirada por los mundanos excluidos de la sociedad, que a pesar de haber vivido una adversidad tras otra, no se daban por vencidos. Yara pudo ver en aquellos mundanos cómo se ponían frente a un enemigo, desconocido y monstruoso, con un coraje y fuerza digna de admiración.

En aquel momento, fue golpeada por una revelación arrolladora: el amor permeaba cada rincón del universo. Yara comprendió que el amor estaba en cada partícula de aquel mundo volátil. De todo el continente. De todo el reino de Tartaria. De Sorginkeria.

El amor estaba en todas partes. En aquellos valientes que ponían en riesgo sus vidas por otros, en una ciudad que a pesar de venirse abajo trataba de luchar y resistir a la maldad. Por sus recuerdos, que abrazaban las calles; por sus gentes, que batallaban con arte y por sus luchas diarias por sobrevivir. El amor estaba en todas partes. En aquel mundo volcado de lleno contra la oscuridad. Por sus mares, incluso embravecidos; por sus arenas, sus bosques, sus montañas y sus tierras, moldeadas por la adversidad y testigos del paso de los siglos. Por su cielo, sus estrellas, su sol y su luna llena.

El amor se manifestaba en los aromas que abrazaban los sentidos, en los colores que pintaban la ciudad llenándola de vida, en las sonrisas de sus habitantes que desafiaban la tristeza, en las risas que desarmaban la amargura, en las risas nerviosas y en las carcajadas. El amor estaba en las tardes compartidas de café, de vinos, de algo dulce o de algo salado. En las conversaciones profundas, en los abrazos cálidos, en las miradas cómplices, en los sueños tejidos con ilusión, en los pensamientos o en la imaginación. El amor estaba en una fotografía, una idea, un capricho o una novedad. Estaba en la música que acariciaba el alma, en la danza que liberaba el espíritu, en el cine que contaba historias o en la literatura que alimentaba el intelecto.

Yara comprendió que el amor estaba en todas partes. En todas y en cada minúscula parte. En cada rincón. En la fuerza palpable de cada aspecto de la existencia. Estaba en la bondad que tejía la red de la humanidad, en la gratitud que fortalecía los vínculos, en la amabilidad que aliviaba el sufrimiento y en la complicidad que compartía los secretos más profundos.

El amor estaba en un capricho, en un regalo, una sorpresa o un recordatorio. En los gestos de generosidad, en los detalles que demostraban cuidado y en las oportunidades que abrían puertas a nuevos horizontes. El amor estaba en un paseo o una aventura. En el cariño, la comprensión, la ternura, el apoyo o la compasión. En una consecuencia. En el aprendizaje. En una prueba, un riesgo, un sacrificio, un peligro o en un reto. El amor estaba en los animales salvajes en libertad, en los seres sobrenaturales, en las mascotas o en la naturaleza. Estaba en sus casas, en su decoración o en sus pertenencias. Estaba en el tiempo dedicado a los seres queridos y en los gestos que no tenían precio. El amor era el hilo conductor que tejía el tapiz de la vida, desde la naturaleza salvaje hasta los rincones más íntimos del hogar. El amor estaba entre las cosas más bonitas de la vida que no se podían pagar con dinero. Estaba en las cosas más valiosas que sólo se podían sentir con el corazón. Estaba en las cosas simples.

Comprendió que era ese amor el motor que impulsaba a todos para que luchasen contra el mal. Que era ese amor el vínculo indestructible que hacía mover al mundo en los momentos de adversidad.

Algunos excluidos e insurrectos, lograron salvar la vida de muchos con actos de magnanimidad, convirtiéndose en héroes anónimos arriesgando sus vidas, rescatando heridos y llevándolos a refugios improvisados. Suerte que conocían los rincones más inhóspitos y escondidos de la ciudad, donde poder refugiarse. Ese era el altruismo que inspiraba a los demás a seguir adelante.

En un abrir y cerrar de ojos, un cataclismo mágico se desató, desgarrando el tejido mismo de la realidad. Grietas en el espacio-tiempo se abrieron, liberando horrores indescriptibles de otros mundos y criaturas sobrenaturales e inmundas emergieron de las grietas, alimentándose del caos y la destrucción que ya habían sido sembrados. Criaturas, en su mayoría, de cuerpos retorcidos y garras afiladas, que se arrastraban desde las alcantarillas y catacumbas, devorando todo a su paso, con sus zarpazos, los latigazos de sus colas y con las oleadas de llamas, con una voracidad insaciable.

De los portales, comenzaron a llegar seres de otras ciudades y otros reinos, para luchar en cada uno de los bandos. Los vampiros, con sus ojos brillantes con sed de sangre y colmillos afilados, se lanzaban junto a su líder, Camazotz, desde las sombras para alimentarse de los desprevenidos, sembrando el pánico y la muerte a su paso.

El espacio rural circundante de Sorginkeria y la propia ciudad estaban siendo devorados mientras sus habitantes se encontraban atrapados en un torbellino de destrucción. Muchos, se apiñaban en los rincones más oscuros, buscando un refugio temporal entre los escombros y la mugre.

Entre los montones de escombros que estaba dejando a su paso la brutalidad de la batalla, se podían encontrar criaturas imponentes, como los hombres lobo, con sus cuerpos retorcidos y atrapados bajo unas vigas caídas. Sus ojos amarillos brillaban con una mezcla de dolor y desesperación mientras luchaban por liberarse de los escombros que lo aprisionaban. Sus garras, estaban desgarradas y ensangrentadas, sus cuerpos, repletos de heridas sangrantes y sus pelajes, normalmente brillantes, estaban desaliñados, cubiertos de polvo, barro y cenizas.

Mientras corrían por las callejuelas oscuras, esquivando los destellos de magia y las garras de los monstruos que acechaban en cada sombra, una Yara exacerbada comenzó a notar la sensación de que cada paso era un esfuerzo sobrehumano. La intensidad y la duración de la batalla estaban dejándola agotada rápidamente. La falta de energía y la debilidad estaban dificultando su capacidad para mantener el ritmo de la huida, lo que la hizo sentirse aún más vulnerable. Abrumada por el estrés y el miedo que rodeaba la situación de un sembrado caos junto con la desesperación, se sintió impedida para continuar y tuvo que parar para coger aliento.

—¡No te pares! Seguro que has soportado dolores más fuertes que este —gritó Cerridwen, aunque en vano.

—El dolor que sientes es fruto de tu rechazo hacia lo que eres. Es el precio a pagar por negarte a aceptar tu verdadero ser —intervino Byakko—. Aún estás a tiempo de cambiarlo.

Byakko le abrió los ojos al hacerle recapacitar sobre el uso de la magia. El indescriptible dolor que recorría su cuerpo era fruto de su rechazo. ¿Debía escuchar las alarmas y los avisos que le estaba dando su cuerpo? ¿Debía ignorar las señales de su propio cuerpo? Cada fibra de su ser se retorcía en agonía, como si su cuerpo mismo estuviera clamando por atención. El dolor, inenarrable e implacable, era el resultado de su negación, una advertencia desesperada de las profundidades de su ser. Desde que había canalizado la piedra de obsidiana, tanto su propio cuerpo como el poder que permanecía dormido en su interior, luchaban por fusionarse. Una batalla se libraba dentro de ella, una lucha entre su ser físico y el poder latente en su interior, ambos, clamando por prevalecer.

Además, desde que se había ocultado bajo el nombre de Asha, el tiempo había transcurrido a una velocidad vertiginosa, precipitando a muchos a caer en el abismo en el que se encontraban, luchando sin un plan y sin la implicación de Yara como "arma".

Akasha había enloquecido y perdido su paciencia. Ansiaba tomar el poder e instaurar la oscuridad. Si no encontraba a Yara, haría que Yara fuese a ella, arrasando con todo hasta que apareciera.

El cielo se iluminaba con destellos de energía mágica mientras las fuerzas opuestas chocaban en una lucha por el destino del mundo. Los destellos eran como bolas de fuego líquido que causaban un terrible daño allá donde aterrizaran. En las calles resonaban los aullidos de las criaturas sedientas de sangre, mientras los edificios se derrumbaban con el peso de la magia y la brutalidad. Toda la ciudad parecía estar envuelta en una neblina de una noche eterna. Todo estaba llegando a un punto crítico. En aquel momento, Yara sintió un fuego ardiente arder dentro de ella. Sintió una fiebre en las venas que le aceleraba la respiración y aumentaba los latidos de su corazón. Era como una ola creciente de furia, un frenesí enloquecido. Una energía inexplicable surgiendo desde lo más profundo de su ser.

En cuanto avistó a Akasha, y a pesar del dolor que la consumía, se levantó con determinación en medio de aquel caos y la oscuridad. En cuanto lo hizo, todos fueron testigos de cómo las raíces colosales de un Taxus baccata brotaron de ella con una brillante y poderosa luz de descomunal energía. Toda la ciudad pudo presenciar aquella formidable luz intensa. La luz fue tan potente y deslumbrante que iluminó toda la zona circundante con una intensidad cegadora, transformando la noche en día, por un instante.

Los ciudadanos, aturdidos por el repentino estallido de luz, se vieron envueltos en un mar de blanco que los dejó momentáneamente cegados. Sus ojos se ajustaban con dificultad a la brillantez abrumadora, mientras que sus manos instintivamente se alzaron para protegerse de la intensidad del resplandor.

Durante un breve momento, todo quedó sumido en el blanco absoluto, como si el mundo entero hubiera sido envuelto por una cortina de luz divina. Los sonidos de la batalla se desvanecieron, reemplazados por un silencio inmutable que estremecía y que sólo fue interrumpido por el zumbido persistente en los oídos de aquellos que habían sido temporalmente privados de su visión. En ese instante, el tiempo pareció detenerse, suspendido en un estado de quietud y asombro, mientras todos intentaban comprender lo que acababa de suceder. Luego, lentamente, a medida que sus ojos se adaptaron a la intensidad del resplandor, comenzaron a percibir los contornos borrosos de sus alrededores, emergiendo gradualmente de la cegadora luminosidad hacia la realidad, de nuevo.

Akasha, envuelta en una aura oscura, sedienta de poder y ansiosa por controlar la esencia mágica de Akila, al verla, lanzó un grito de desafío que resonó a través de los cielos, desatando su magia corrupta hacia ella. Yara se irguió con una determinación feroz, lista para enfrentar la embestida de la oscuridad que se cernía sobre ella.

Byakko, Cerridwen y Marlow, conscientes del peligro que representaba Akasha, se apresuraron a formar un escudo mágico alrededor de ella, lanzando hechizos protectores para amortiguar el impacto de los ataques. En ese instante, mientras Yara le hacía frente a aquel ser tenebroso e innatural, Byakko, Cerridwen y Marlow notaron cómo se cernía algo dentro de ella.

—Te tiembla todo el cuerpo —dijo Marlow en medio del terror que se abalanzaba sobre ellos.

—Es normal, tiene miedo —aclaró Byakko con una sonrisa, añorando los sentimientos mundanos en lo que podría ser un último aliento.

—Es cierto, tengo miedo —y mientras contemplaba firme aquel frente oscuro, continuó convencida—, pero no tiene nada de malo. El miedo no es un enemigo. Este mismo miedo nos ha traído hasta aquí, hasta este momento crucial.

En ese instante, una mezcla de alivio y desasosiego la invadieron, pero esto sólo expresaba burdamente que esas sensaciones apenas arañaban la superficie de un mar de emociones, en gran medida subconscientes, escondidas en lo más profundo de su ser. Los sentimientos encerraban desde un desahogo palpable hasta una inquietud que se clavaba como espinas en su alma, mostrando un cambio de actitud desde el terror más descarnado a incluso exaltación por lo que estaba por venir.

—Tienes razón, sólo necesitamos del coraje y la valentía —terminó por decir Cerridwen, avivando la fortaleza que estaban mostrando, infundiendo aún más su valor y avivando el excepcional poder que portaban.

Las palabras de aliento resonaron en el aire, fortaleciendo sus espíritus y el espíritu de aquellos que luchaban en la primera línea de batalla.

Las chispas de magia chocaron con furia en el aire, creando un frenesí de energía que iluminó la noche con destellos de luz y sombras danzantes. Akasha, sin embargo, no se detenía. Con cada movimiento, desató torrentes de magia negra, retorciendo y distorsionando la realidad a su alrededor. Los destellos de fuego caían cerca de ellos, arrasando la zona. Byakko y los hechiceros lucharon valientemente, contrarrestando sus hechizos con ráfagas de energía pura, pero la oscuridad parecía insaciable, devorando todo a su paso con una voracidad implacable.

Cuando todo parecía ser en vano, Líndel Karnayna, el señor Legba y el resto de miembros y clanes de la comunidad mágica, aparecieron para atacar unidos redoblando sus esfuerzos, lanzando hechizos más poderosos y coordinando sus ataques con una precisión milimétrica. Juntos, formaron un frente unido contra Akasha, empujando hacia adelante con una determinación implacable, dispuestos a todo, negándose a rendirse ante lo que parecía ser una derrota inminente o ceder ante la oscuridad amenazante.

La destruida ciudad de Sorginkeria se había convertido en una danza mortal de poder y magia. Finalmente, en un estallido de energía deslumbrante, Yara, poseída por el poder de la obsidiana, se elevó sobre Akasha, rodeada por un halo de luz resplandeciente y las enormes raíces del Taxus baccata. Sus manos se alzaron hacia el cielo mientras, con cada fibra de su ser, canalizó toda su fuerza en un ataque final contra la proscrita. Yara se había convertido en un faro de esperanza en medio de la tormenta de magia.

Con un grito ensordecedor, Akasha fue envuelta por una luz purificadora que comenzó a consumirla. Pese a que trató de retroceder ante la intensidad de la energía, acabó por disipar su forma oscura, dejando sólo un eco fugaz de su presencia junto a un difuminado rostro de furia. Los rasgos de su cara se retorcieron hasta volverla prácticamente irreconocible, mientras su cuerpo era presa de espantosas convulsiones. Era como si todos sus huesos, músculos y nervios se vieran obligados a adoptar violentamente una posición, una tensión, una personalidad diferente. Akasha había sido derrotada, disipándose en el aire como humo en el viento. Fue un enfrentamiento desgarrador, donde la luz de la justicia prevaleció sobre las sombras del mal, consumiendo a Akasha hasta su total desaparición.

Los gritos de los combatientes se mezclaron creando una sinfonía que resonó a través de la ciudad. Yara sintió el corazón a punto de explotar de su pecho y cayó al suelo, exhausta pero triunfante, mientras la luz del amanecer comenzó a iluminar el horizonte, marcando el fin de la batalla. Habían ganado, pero, cuando todos creyeron estar a salvo, ocurrió algo inesperado.

Todos se alzaron victoriosos, llenos de alegría, con sus corazones repletos de gratitud hacia Yara, que había enfrentado la oscuridad con una determinación que había desafiado todas las probabilidades. La apoteósica noche estaba llegando a su fin, envuelta en un aura de celebración por la victoria recién obtenida. Sin embargo, mientras los festejos llenaban el aire y los últimos enemigos, como el temible Blacksmith, la segunda sombra de Akasha, o el temible Asenath, eran contenidos, una alarma estridente rasgó el silencio, marcando la llegada de una nueva amenaza.

El sonido penetrante perforó el ambiente de celebración, como un augurio sombrío que anunciaba tiempos aún más oscuros. Los corazones de los presentes se apretaron con temor, mientras observaban cómo otros reinos habían acudido, no como aliados, sino como portadores de una sombría sentencia. Ni los seres sobrenaturales ni los mortales de Sorginkeria podían siquiera imaginar contra qué tendrían que enfrentarse ahora.

Inesperadamente, los portales se cerraron y los líderes del reino y de otros reinos, con solemnidad en sus rostros y palabras cuidadosamente medidas, justificaron con políticas elaboradas que la ciudad había sido infectada por la oscuridad de Akasha, y argumentaron que para proteger al mundo exterior de su influencia corruptora, debían aislarla por completo.

Utilizando términos diplomáticos y retórica convincente, explicaron que una medida tan extrema era crucial para salvaguardar la estabilidad y la seguridad del reino y de sus propios reinos. Una cápsula, serviría como un escudo mágico, manteniendo a raya cualquier amenaza que pudiera surgir de su interior y evitando que la oscuridad se propagara más allá de sus límites.

Además, explicaron que mientras la batalla estaba en su punto más álgido, se formaron comisiones y se llevaron a cabo debates en los consejos de los reinos, donde se discutieron de urgencia los riesgos y beneficios de aislar la ciudad. Se hicieron investigaciones exhaustivas para respaldar la decisión, destacando casos anteriores de ciudades infectadas que habían representado una amenaza para la paz y la seguridad de los reinos. Se emitieron declaraciones oficiales en las que se explicaba la necesidad imperiosa de tomar medidas drásticas para contener la oscuridad y prevenir su propagación.

Finalmente, después de intensas negociaciones y consultas entre los líderes de los reinos, acudieron con sus ejércitos al núcleo de Sorginkeria y conjuraron una poderosa magia que envolvió la ciudad, sellando sus límites con una barrera infranqueable.

Sin poder hacer nada, los habitantes de la ciudad, mundanos y sobrenaturales, observaron con asombro y horror mientras la magia de los forasteros tejía una prisión mística a su alrededor. La cápsula brillaba con una luz intensa y pulsante, distorsionando la visión y haciendo temblar el suelo bajo sus pies. Una vez completada, la barrera era impenetrable, una prisión de energía mágica que irremediablemente separaba la ciudad del mundo exterior.

Muchos, se acercaron en avalanchas a ella con incredulidad, golpeando sus manos contra ella, sus garras o sus báculos, en un intento desesperado por encontrar una salida, aunque en vano, ya que la cápsula, era implacable, resistiendo todos los esfuerzos con una determinación fría y final.

"¡No puede ser!" gritaban algunos, mientras otros lloraban de impotencia. Otros maldecían en voz alta, rogando por un milagro que no llegaba.

La noticia fue devastadora y, a pesar de haber neutralizado al enemigo, no pudieron sentir ni un ápice de alegría. Eran valerosos desgraciados que se habían convertido en vencedores apresados. Se encontraban atrapados en un mundo de sombras y ruinas, separados del resto del mundo por una prisión mágica.

CAPÍTULO 14

"Y saltar y brincar, sintiéndose más fuerte que nunca y con quien nadie pueda. Y reír y llorar y huir de un falso autocontrol y una falsa seguridad. Huir del miedo como mecanismo natural en busca de un símbolo casi irreal, signo de totalidad. Un concepto abstracto que se llama felicidad. Sentimiento que es parte de una locura que nos hace libres. Libres de todo, libres de uno mismo. Donde la belleza es el hogar y el hogar....es el camino".

Un aura de malestar llenaba el aire.

El clima era catastrófico y dañino. La ciudad había quedado marcada por la devastación y un silencio desolador, tejiendo un manto de malestar y desesperanza que se extendía como una maldición sobre el paisaje desgarrado.

Los cielos, oscuros y tormentosos, parecían reflejar el caos que había consumido cada rincón de la ciudad, transformándola en un espectáculo dantesco de ruinas y desesperación. Sorginkeria se había transformado en una palabra pavorosa y signo de muerte.

Resultaba casi incomprensible cómo una sola noche había logrado transformar tan radicalmente la perspectiva psicológica de toda una ciudad, sacudiendo hasta los cimientos mismos de su existencia. Incluso con la llegada del nuevo día y cualquier destello de esperanza que éste pudiera traer, la sensación de irrealidad persistía, generando un conflicto interno que les hacía cuestionar si todo aquel insólito, terrible y dramático episodio, no era más que un sueño lúgubre y engañoso del que habían sido partícipes directos. Por desgracia, toda aquella pesadilla llamada Sorginkeria era real.

La imagen del perímetro era la de una devastación espeluznante, donde la estética era la de un estado decrépito y ruinoso. Podían encontrarse calles torcidas, restos esqueléticos de edificios o paisajes degradados por profundos cortes y grietas. Materiales deteriorados de edificios semiderruidos junto a cubiertas y ventanas de vidrio rotas, fundidas por el fuego, dejando entrever que, en el posterior impacto de la vida salvaje, harían que las plantas los tomaran, atravesando el hormigón de las paredes y los ladrillos de los tejados.

Había páramos inhóspitos. Lugares decrépitos y abandonados. Paisajes desoladores se extendían como cicatrices en la tierra, marcados por la cruel huella de la batalla y el trauma, donde la tierra misma gemía por el peso de la tragedia que había presenciado, arrasando todo a su paso.

Los habitantes, una vez bulliciosos y activos, se encontraban ahora sumidos en un estado de shock y desesperación, siendo vástagos de sus pensamientos. Algunos descarnados, violentos, desmoronados y desmoralizados, creyéndose que aquello les había dejado sin razones por las que seguir vivos. Otros, optimistas, confiados, aferrándose a la esperanza de encontrar un nuevo comienzo, y absurdos hasta la comicidad nerviosa del involuntario testigo de una verdad feroz. No volverían a conocer la vida tal y como era antes. Una verdad, que cambiaría el destino de todos los habitantes que habían sido abandonados.

Las cicatrices de la batalla aún marcaban las calles, con edificios derruidos y carreteras destrozadas que servirían como recordatorios constantes de la devastación que habían vivido. Las calles estaban infestadas de cadáveres en descomposición. "No queda nadie con vida", pensaba Karnayna mientras pasaba por encima de los cuerpos retorcidos o despedazados, y embarrándose de sangre.

La matanza seguía desparramada por el campo de batalla. Los cuerpos yacían esparcidos como un macabro recordatorio de la brutalidad que había asolado la ciudad. Era una masacre.

Las carreteras, teñidas de un rojo sangriento que cubría cada nervadura de asfalto, en la que podían verse colapsadas de coches estancados, paralizados, con un humeante efervescente y un saturado número de víctimas que habían intentado huir sin éxito.

Entre la carnicería y el caos, el desgarrador lamento de los que lloraban a sus seres queridos resonaba como un eco de angustia en las calles desiertas. El dolor se entrelazaba con la desolación mientras los supervivientes enfrentaban el luto por aquellos que habían perdido en la batalla. Las familias lloraban a sus seres queridos caídos, buscando consuelo en medio de la desesperación. Muchos, fueron incapaces de hacer frente al abrumador número de muertos, viéndose obligados a dejar los cuerpos donde habían fallecido, impotentes ante la imposibilidad de proporcionarles un entierro adecuado, debido a las limitaciones impuestas por la magia que los encapsulaban.

De entre las profundidades de un montón de cristales apilados y escombros se oyó el eco de las voces lastimeras de unos moribundos. Con ayuda mágica consiguieron que de ahí emergieran dos hombres. Uno de ellos estaba completamente ido, herido y en shock, esforzándose por recuperar la consciencia, como un buzo desesperado por alcanzar la superficie. El otro, había perdido una pierna tras alcanzarle un destello de energía, mientras trataba de huir. Éste, con su rostro deformado por el dolor, luchaba por contener los gemidos de angustia, como un navegante perdido en un mar de agonía. Los elfos, con sus habilidades mágicas ancestrales, acudieron en su ayuda para calmar sus músculos doloridos y detener sus temblores. Tras ello, se dispusieron a tratar sus heridas para detener el flujo de la muerte.

En otro lugar, entre los escombros humeantes de una ciudad asolada, un equipo de médicos mundanos y rescatistas buscaba también entre los restos, supervivientes. De entre las sombras que se alzaban como testigos mudos de la tragedia, los rescatistas encontraron a una criatura que parecía haber salido de las leyendas más antiguas. Se trataba de un ramileo, una bestia mitad árbol, mitad león, con un pelaje cubierto de musgo y ramas retorcidas que se extendían desde su espalda y costados. El ramileo yacía atrapado bajo los restos de un edificio derrumbado, con sus garras aferradas a los escombros.

Los médicos, sorprendidos por el descubrimiento, se apresuraron a acercarse, enfrentándose al desafío de rescatar a este ser sobrenatural herido. Con manos temblorosas, pero decididas, comenzaron a levantar cuidadosamente los escombros que lo aprisionaban, usando técnicas y herramientas especializadas, conscientes de que cada segundo era crucial para salvar su vida. Finalmente, después de horas de arduo trabajo, el ramileo fue liberado del acero. Con un gruñido de agradecimiento, se levantó entre los escombros, con sus ramas extendiéndose hacia el cielo como un símbolo de libertad, y se alejó para protegerse hacia los árboles.

En pocos días, el mundo se había vuelto repentinamente salvaje. Todos habían sido testigos del colapso de los servicios, como el agua, que ya no fluía de los grifos; la electricidad, desvanecida como un destello fugaz; la telefonía, quedando muda o el internet. En poco tiempo la ciudad había pasado a ser una cárcel de pesadilla, un testigo mudo de la anarquía, conocida como la "Zona cero".

Desde lo más alto de una montaña de escombros se alzó Yara para visualizar su entorno, observando el panorama desolado que se extendía ante ella. Era aún de noche, por lo que del cielo sólo pudo ver una constelación de centellas rojizas y brumosas, como si alguien hubiera cubierto el mundo con un velo ensangrentado.

En la distancia, entre las ruinas humeantes y los vestigios de la batalla, observó con angustia la escena que se desarrollaba ante sus ojos. Eran seres sobrenaturales y mundanos discutiendo acaloradamente. Sus voces resonaban en el aire, cargadas de tensión y desconfianza. Las voces elevadas se mezclaban con el eco de los lamentos de los caídos, creando una sinfonía de discordia y resentimiento.

Los humanos, afectados por los horrores de la batalla y temerosos de las capacidades mágicas que habían desatado tal destrucción, mostraban señales de desconfianza hacia los seres mágicos que los rodeaban. Para los humanos, la presencia de esos seres sobrenaturales era una revelación impactante. Nunca antes habían visto a criaturas de ese tipo, y la aparición repentina de seres con habilidades mágicas los llenaba de temor y desconcierto. Sus rostros reflejaban el miedo y la incertidumbre, alimentados por la devastación que habían causado aquellos seres, sembrando las semillas de la desconfianza y el odio.

Las miradas de recelo y los murmullos de descontento sugerían un futuro marcado por la división y el conflicto entre razas. ¿Cómo iban a poder convivir unos simples mortales junto a bestias que se alimentaban de su sangre y de sus vísceras? ¿Cómo iban a poder conciliar el sueño sabiendo que existían esa clase de seres que habían arrasado con todo? ¿Cómo iban los seres sobrenaturales a alimentarse sin instaurar más terror por mucho que quisieran contenerse? ¿Los seres pacíficos pagarían también por los actos sangrientos de otros?

La atmósfera se llenó de preguntas sin respuesta, de temores sin consuelo y de una sensación abrumadora de desesperanza. El futuro se vislumbraba sombrío y marcado por la división y el conflicto entre razas, amenazando con romper el frágil equilibrio que alguna vez había existido entre los seres mágicos y los mortales.

Mientras observaba el panorama, como en una profundidad misteriosa, una especie de luz que tomó al principio por una antorcha surgió de la nada. Examinando con más atención la luz encendida en su conciencia, pudo percatarse de que se trataba del halo blanquecino de Akila materializándose ante ella. Akila se acercó para susurrarle con una débil voz, aunque serena, para expresar su gratitud en unas palabras que resonaban el aire como una suave y armoniosa melodía.

—Escucha atentamente, Yara. Ya has visto de sobra cómo es este mundo. Es un lugar despiadado que puede derribarte o mantenerte sometido en cualquier momento si no luchas contra él. La vida golpea duro, más duro de lo que has vivido y de lo que crees, y lo importante no es la fuerza con la que tú luchas, sino cuánto eres capaz de resistir y seguir adelante. Tienes que aguantar, avanzar. No puedes rendirte jamás, ¿me oyes? Eso es lo que te ha hecho fuerte y poderosa. Debes dejar ir tu pasado, cerrar ciclos, superarlo y poner puntos finales. Estás a punto de vivir historias únicas y nuevas, aunque no lo creas. No las arruines llevando al futuro un pasado que ya no existe. Lo que ocurre en tu vida no está del todo bajo tu control pero lo que hagas de ello depende totalmente de ti.

»Prepárate para enfrentar desafíos, y no culpes a nadie más por tus derrotas. Sólo los cobardes hacen eso. Y tú no eres una cobarde, Yara. Has demostrado que eres capaz de todo. Has demostrado que incluso en los momentos más oscuros, la luz puede brillar con fuerza. Libérate de esa carga, no continúes mirando atrás. Anclate al presente y da gracias por estar viva, por lo que tienes y lo que vendrá. Y recuerda, la vida no trata de encontrarse a uno mismo, sino de crearse a uno mismo —susurró con ternura, como si cada palabra fuera un abrazo reconfortante y continuó—. Antes de partir de este mundo, antes incluso de que la turba de campesinos dieran conmigo, dejé lo poco que quedaba de mi poder transferido dentro de la piedra de obsidiana, con la esperanza de que algún día lo encontrara mi hijo, Aleyster. Ahora, me siento tranquila y orgullosa al saber que tú eres la dueña de ese poder y que puedes hacer con él lo que quieras. Sólo deseo que sepas que la calidad de una meiga no es lo esencial.

»Durante mi vida pude ver a incontables meigas, mucho más hábiles que yo, caer a lo más bajo y ser perseguidos. Un gran poder suele infundir un gran temor, y regir mediante el miedo no dura mucho. Has podido comprobarlo con Akasha. Además, poseer magia no es nada de lo que sentirse tan orgulloso. Es hora de que sigas adelante y continúes tu viaje con confianza y esperanza en tu corazón. Gracias, Yara. Ahora estoy lista para reencontrarme con mi hijo. Ahora podré descansar en paz.

Yara sintió un nudo en la garganta mientras escuchaba las palabras de despedida. Con un gesto de complicidad, una mutua fascinación y un último adiós que resonaría en su mente para siempre, Akila desapareció, desvaneciéndose en una ráfaga de luz. Yara pudo percatarse de que Akila ya podía descansar en paz, dejando atrás un odio y una amargura que alguna vez consumieron su corazón hacia aquellos de los que ya no quedaba ni el polvo. En medio del vendaval de emociones que la embargaba, comprendió el peso que había llevado durante tanto tiempo, siendo una carga que la había arrastrado a un tormento perpetuo.

Tras lograr fusionarse con el poder ancestral de la obsidiana, aquel legado que Akila había custodiado con la esperanza de que las futuras generaciones lo heredasen, Yara pudo finalmente sentir la plenitud de su fuerza en plena batalla. Con el eco de las palabras de Akila resonando en su mente, comprendió la responsabilidad que ahora recaería sobre sus hombros. Aunque el legado de la obsidiana había quedado en el olvido durante siglos, su conexión con él avivó una llama ancestral que ardía con intensidad en su interior. En ese momento trascendental, Yara se encontró frente a un dilema: aceptar el poder y el deber que ahora la vinculaban al legado de Akila, o dejarlo atrás para siempre, liberando el poder de la obsidiana de su sujeción y renegando por siempre de la magia y lo que era.

Al desaparecer Akila, se vio envuelta en un silencio opresivo, roto sólo por la perturbadora cacofonía de los necrófagos hambrientos, cuyas aterradoras sombras sobrevolaban la desolada y ruinosa zona, como heraldos de una oscuridad aún más profunda y perturbadora.

Volvió a observar su entorno y, aunque las ruinas y la destrucción parecían abrumadoras, no pudo evitar sentir un destello de alivio en su corazón, sabiendo que aún estaba viva y que había sobrevivido a la tormenta.

Comprendió que no se trataba de ganarle la batalla a la herida sino de aprender a caminar con esa herida, con ese pedazo roto. Comprendió que no existía reversibilidad posible después del trauma y que las heridas afectivas e internas deberían ser acurrucadas y mimadas en su interior, aun llevando el peso de cierta culpa consigo. Descubrió que tanto la cura como algo nuevo era ver lo viejo con otros ojos.

Respiró profundamente mientras el viento frío acariciaba su rostro, recordándole que aún quedaba belleza en el mundo a pesar de la tragedia que había vivido y la barbarie en la que se encontraba.

Inhaló nuevamente, sintiéndose como una crisálida, abandonando el mundo de la tierra y la sombra para emprender el vuelo hacia la luz y el aire, experimentando una metamorfosis personal para continuar su evolución en el mundo en el que le estaba tocando vivir.

Exhaló, dejando atrás un sentimiento desvalorizado de sí misma que había arrastrado durante mucho tiempo, para revalorizar su propia estima, permitiéndose dejar de ser un ser miserable y zarandeado para sentir cierto orgullo y admiración. En aquel momento, pudo darse cuenta de que los mecanismos de defensa utilizados hasta el momento solo eran eso, meros modos inconscientes e incorrectos de tratar de lidiar con los conflictos internos. Bloqueo, negación, formas de contrarrestar los sentimientos de vacío, sentimientos de vergüenza, autocrítica exacerbada, aislamiento, represión…

En aquel momento, ante aquel panorama de una ciudad completamente devastada junto a sus habitantes destrozados, comprendió que aquel era el momento de inflexión final para pasar página. Sintió, en medio de aquel escenario escabroso casi irreal, con una convicción ardiente ardiendo en su interior, que aunque el camino fuese difícil, nunca estaría sola mientras conservara la esperanza en un corazón que sólo podría morir cuando los latidos dejaran de tener sentido.

Con la mente llena de incertidumbre, Yara tomó una decisión que sellaría su destino. Abrazó el legado que Akila le había dejado, aceptando el peso de su linaje y la responsabilidad de honrar su memoria. Con un último suspiro de resignación y determinación, se dispuso a llevar ese legado hacia un nuevo amanecer, donde su poder y su nuevo propósito brillarían con una luz renovada.

Idril, que se encontraba con el resto tratando de encontrar supervivientes, tratar heridos o hallar una manera viable de salir de allí o de sobrevivir, sacó un momento para ir a ver a

Yara. Idril emergió de entre las ruinas, ascendiendo con gracia hasta alcanzar la cumbre de escombros donde se encontraba.

Ambas permanecieron en un silencio compartido, ignorando el caos y la desesperación que las rodeaban. En ese momento, no había gritos, ni sollozos, ni escombros, ni ruinas. Sólo estaban ellas dos, unidas por el peso del dolor y la esperanza en sus corazones. Ambas desviaron sus miradas hacia el horizonte, para contemplar los colores del sol naciente, donde el sol emergió lentamente en el cielo, tiñendo el paisaje con tonos dorados. La luz del amanecer parecía una promesa de un nuevo comienzo, un recordatorio de que, incluso en los momentos más oscuros, aún se podía encontrar belleza y esperanza.

En silencio, compartieron el momento, dejando que la serenidad del amanecer les diera fuerzas para enfrentar el futuro incierto que se avecinaba, a sabiendas de que era imposible dar marcha atrás, siendo la esencia de la vida ir hacia delante.

Tras un tiempo, ambas cruzaron sus miradas. Idril le regaló una sonrisa salvaje, llena de puro júbilo, con la pujanza de su emoción irradiando fortaleza y haciendo que Yara sintiera que la sonrisa que dibujaba su boca, en medio de aquel caos, fuera la más hermosa muestra de valentía. En ese instante, con una mirada llena de determinación, Idril le dijo:

—Los momentos difíciles nunca duran, pero los seres más fuertes sí.

Printed in Great Britain
by Amazon